DEUXIÈME ARMÉE DE LA LOIRE

21e CORPS

LE 49e RÉGIMENT

DES

MOBILES DE L'ORNE

CAMPAGNE DE 1870-1871

COMBATS

CHERISY, les 9, 10 octobre 1870.

ILLIERS, le 18 novembre 1870.

THIRON-GARDAIS, le 21 novembre 1870.

LA FOURCHE, le 21 novembre 1870.

BRETONCELLES, le 21 novembre 1870.

LORGES, les 8, 9, 10 décembre 1870.

LA CHAPELLE-SAINT-RÉMY, le 10 janvier 1871.

LOMBRON, le 11 janvier 1871.

COURCEBŒUF, le 12 janvier 1871.

MÉMOIRES

SUR

L'ARMÉE DE CHANZY

LE 49e RÉGIMENT

DES

MOBILES DE L'ORNE

1870—1871

PAR

LE LIEUTENANT-COLONEL DES MOUTIS.

« Qu'aucun amour ne soit plus saint pour
» toi que l'amour de la Patrie ; qu'aucune
» joie ne te soit plus douce que la joie de la
» Liberté, afin que tu recouvres ce que l'en-
» nemi t'a dérobé et que tu reprennes au
» prix de ton sang ce que l'ineptie a perdu! »

(Arndt, juillt 1813).

ALENÇON
TYPOGRAPHIE E. DE BROISE
PLACE D'ARMES

M DCCC LXXII

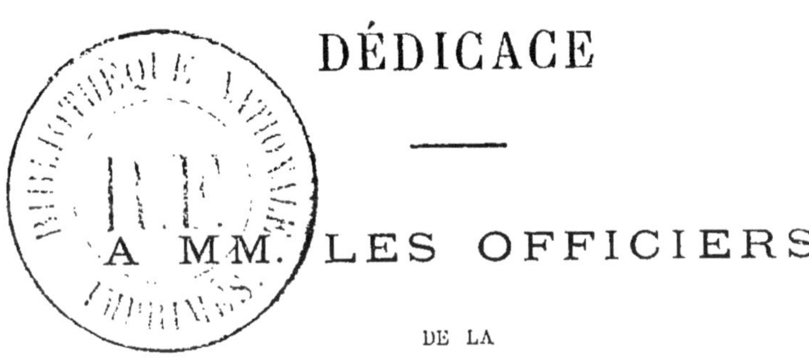

DÉDICACE

A MM. LES OFFICIERS

DE LA

GARDE MOBILE DE L'ORNE.

Mes chers Camarades,

Je vous dédie ce livre. Il n'aura d'autre mérite que de laisser à vos familles le souvenir des misères que nous avons supportées ensemble.

Je suis heureux de rendre un témoignage public à votre discipline, votre dignité, votre bravoure, votre dévouement à la France.

Partout vous avez fait honneur à votre chef, et dans les villes où nous avons séjourné, et dans les combats auxquels vous avez assisté.

Les Prussiens ne pourront guère se vanter de vous avoir

vaincus, car dans huit engagements ou batailles les mobiles de l'Orne sont restés maîtres du terrain.

Attendez donc patiemment l'œuvre du temps, et justice vous sera rendue!

Je vous prends tous à temoins de la vérité des faits qui vont être rapportés; ils seront peut-être un jour, pour leur part, utiles à l'histoire!

Je saisis avec plaisir, cette occasion de vous renouveler l'assurance des sentiments distingués et affectueux

de votre ancien lieutenant-colonel,

CHARLES DES MOUTIS.

AVANT-PROPOS

Mon intention n'était pas d'écrire ce livre; j'ai dû céder aux nombreuses instances qui m'ont été faites par des officiers désireux de laisser à leurs enfants, un récit détaillé de la terrible campagne de 1870-1871.

J'ai compris que les habitants de notre département seraient fiers de connaître la belle conduite de leurs compatriotes et heureux de savoir dans quelles circonstances les mobiles de l'Orne ont combattu comme de vieux soldats.

C'est aussi une récompense que le chef devait à leur courage, à leur discipline et aux immenses douleurs que ces nobles martyrs ont endurées pendant la guerre.

Un général prussien, trop exclusif, sans doute, nous rendait hommage, il y a quelques jours, dans la *Gazette de Cologne,* en disant que : « parmi les mobiles de France deux provinces s'étaient distinguées : celle de Bretagne et celle de Normandie.

Si les Allemands, se souvenant des huit combats

ou batailles pendant lesquels ils n'ont pu nous faire reculer, rendent ainsi hommage aux mobiles de l'Orne qui ont versé tant de sang pour la patrie, pourquoi hésiterions-nous à dire à la France : voilà ce que nous avons fait, jugez-nous.

D'ailleurs depuis la guerre, on a tant écrit et tant dit que *les mobiles ne valaient pas grand'chose* (1) qu'il est devenu nécessaire d'aider à l'histoire, afin que la part de chacun soit faite justement.

En agissant ainsi, nous ne recherchons pas d'éloges; mais nous coupons court aux récits fantaisistes et aux journaux de route de quelques officiers subalternes, ou caporaux, peut-être meilleurs écrivains que bons soldats qui, sans mandat, sans renseignements exacts et surtout sans pièces à l'appui, se sont permis de juger leurs chefs, dans diverses brochures.

C'est un danger bien grand et qui perd nos armées, que de laisser des inférieurs contrôler sans cesse les ordres et les actes de ceux qui ont reçu la difficile mission du commandement.

On arrive promptement ainsi à l'indiscipline; de là à se faire battre, il n'y a qu'un pas.

J'ai à l'avance, le regret de penser que dans ce livre, bien des mérites, bien des actes de bravoure et de

(1) M. Thiers; sa déposition sur le 18 mars 1871.

dévouement, ne seront pas cités; mais on comprendra, j'espère, que lorsqu'une troupe marche tous les jours pendant trois mois et assiste à dix grands combats, il soit difficile d'être renseigné sur tous les services dignes d'éloges.

Je prie instamment ceux qui, n'auront pas été nommés, de trouver leur récompense dans le sentiment d'abnégation que donne le devoir accompli.

Je ne puis dire trop hautement quelle douce satisfaction j'ai éprouvée dans la direction des cinq mille soldats composant le 49e régiment des mobiles de l'Orne; partout ils m'ont fait obtenir des éloges.

Je suis heureux de les en remercier publiquement et de leur dire : qu'avoir commandé des hommes de leur valeur, est le plus grand honneur qu'ait pu désirer,

leur bien dévoué lieutenant-colonel.

CHARLES DES MOUTIS.

LIVRE PREMIER

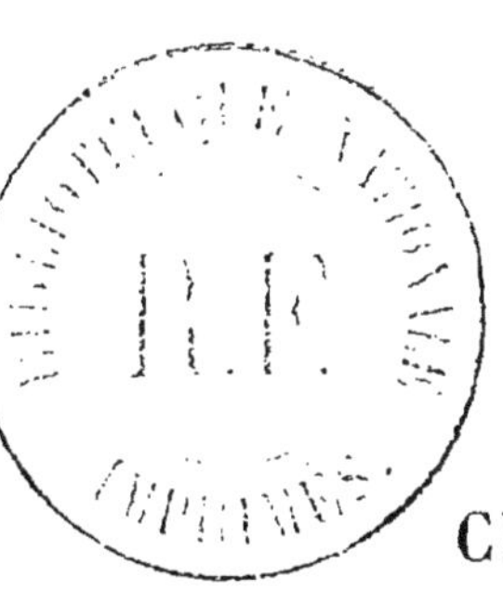

CHAPITRE PREMIER

15 juillet 1870.

La France vient de tressaillir; tout le monde se communique les nouvelles et chacun semble retrouver l'ardeur guerrière des vieux temps.

Les feuilles publiques annoncent que la guerre est déclarée.

La Prusse, qui depuis 1866 menaçait la France, va donc se mesurer avec nous!

Le pays sentait depuis longtemps qu'un jour il faudrait en arriver là;

Mais sommes-nous prêts à soutenir le choc contre douze cent mille ennemis sérieux et bien disciplinés?

Notre principale armée doit être forte de six cent mille soldats, y compris les hommes de la réserve ayant déjà servi!

Une loi reconnue de première utilité, avait été votée en 1868, pour l'organisation de la garde mobile:

Cette force militaire était donc jugée indispensable! En effet il n'est pas de courage qui puisse, pendant une longue guerre, contrebalancer avec avantage, les forces doubles ou triples de l'ennemi.

La garde mobile devait se composer de tous ceux qui s'étaient fait exonérer du service, c'est-à-dire des plus instruits, des plus intelligents et de la partie libre du contingent.

Au premier appel, presque tous les officiers démissionnaires, avaient demandé à reprendre leur épée.

Pourquoi, en 1869 et en 1870, cette loi n'avait elle pas été mise à exécution ?

A quoi servait-il de l'avoir votée?

On dirait vraiment que depuis quelques années, la France a pris pour devise : *verba, acta non:* des paroles et pas d'actes !

Le gouvernement impérial craignait de mécontenter les populations.

La chambre des députés désirait faire une économie annuelle de 35 millions !!! Elle se déjugeait elle-même en accordant cette concession aux opposants, qui, à chaque discussion du budget, assuraient que la levée en masse de citoyens animés de l'amour de la République, suffirait à repousser l'ennemi assez audacieux pour nous attaquer !!!

On flattait le public et on le menait à la ruine.

On faisait semblant d'oublier que, sous la première République,

« Le général Pichegru n'avait pu conduire une armée de « recrues, qu'en en faisant fusiller la moitié. »

CHAPITRE DEUXIÈME

20 juillet 1870.

L'armée active était sur le Rhin; les réserves réjoignaient leur dépôt et, par une loi en date du 17 juillet 1870, la garde mobile de l'Orne devait être réunie le 2 août, dans chaque chef-lieu d'arrondissement du département.

ETAIENT COMMANDÉS PAR :

Le 1er bataillon à Alençon, M. LE CLERC, O. ❋, chef de bataillon d'infanterie.

Le 2e bataillon à Argentan, M. DES MOUTIS, ❋, lieutenant de cavalerie démissionnaire.

Le 3e bataillon à Domfront, M. BOUDONNET, ❋, capitaine d'infanterie de marine, (en retraite).

Le 4e bataillon à Mortagne, M. le comte DE LA FERRONNAYS, ❋, capitaine de cavalerie démissionnaire.

Le général commandant la 4e subdivision à Alençon donna les premiers ordres relatifs à l'organisation de la garde mobile; communiqua les instructions du ministre de la guerre, et se rendit dans chaque chef-lieu d'arrondissement, afin de reconnaître les chefs de bataillon et d'asister à la réception des officiers devant leur troupe. Ces officiers, à l'exception de quatre ou cinq capitaines par bataillon déjà nommés en 1869, durent être choisis en deux jours!!!

Les gardes mobiles étaient logés chez l'habitant ; l'État leur fournissait le pain et cinquante centimes par jour.

Le capitaine-major passa des marchés pour l'équipement et s'occupa de l'habillement dont la Préfecture hâtait la confection.

Dabord on envoya des blouses en toile bleue: c'était hideux et incommode ; puis des képis.

Chaque chef s'installait le moins mal possible, organisait l'instruction et faisait passer la révision.

Des demandes innombrables de soutiens de famille furent adressées à la Préfecture.

Il y en eut quatorze pour cent d'accordées. Tout le monde réclamait cette faveur et, dans certains bataillons, il y eut un commencement d'indiscipline dont on eut promptement raison.

Plusieurs capitaines d'infanterie nous furent envoyés de leurs régiments.

Enfin on donna aux 1er, 2e et 4e bataillons, des fusils à tabatière; le 3e bataillon était désigné pour être dépôt.

Le commandant Le Clerc fut nommé lieutenant-colonel, et M. de Montaigu, capitaine du 4e bataillon, lieutenant de cavalerie démissionnaire, le remplaça au 1er bataillon.

L'instruction marcha rapidement, les hommes y mettaient de l'entrain ; les officiers, sous-officiers et caporaux jaloux de leur dignité se mirent promptement au courant; on se plia à la discipline; l'esprit de corps se forma et tous ces jeunes soldats, bientôt le dernier espoir de la France, comprirent que le sacrifice du bien-être devait être fait et que, pour devenir un bon militaire, il faut aimer sa patrie, estimer ses chefs et leur obéir.

La conduite était bonne ; les dames de plusieurs ville du département voulurent donner des drapeaux à chacun des bataillons ; le général ne permit pas de les accepter (1).

Le 3 septembre nous apprenions la malheureuse bataille de Sedan.

Les Français garderont longtemps le souvenir de cette date néfaste.

Le 4 septembre : la République fut proclamée !!!

Les gardes de police furent doublées ; des patrouilles assurèrent le bon ordre. Nos soldats étaient tristes ; car ils devinaient la désorganisation, puis la ruine de la France.

Quelques citoyens avancés, excellents patriotes suivant eux, essayèrent d'entraîner les gardes mobiles à leurs réunions du soir et les invitèrent à ne plus obéir à leurs chefs.

Singulier moyen employé à Argentan, pour défendre le pays déjà envahi par l'ennemi !!!

Bientôt on parla d'organiser la défense du département de l'Orne. En effet les Prussiens s'avançaient sur Paris : encore quelques jours et nous devions être aux prises avec eux.

Le 4e bataillon quitta Mortagne pour occuper les forêts de Longny, de Réno et du Perche, depuis Bretoncelles jusqu'à Moulins-la-Marche.

(1) Le 2e bataillon a reçu celui donné par la ville d'Argentan.

Le 18 septembre, le 2e bataillon partit pour Laigle, et garda ensuite une ligne établie de St-Evroult jusqu'à Notre-Dame-d'Apres, par Aube et Beaufai, en avant des forêts de St-Evroult et de la Trappe.

Les gardes mobiles étaient logés dans les fermes et dans les villages ; ils touchaient un franc par jour. L'État ne fournissait plus le pain.

Le 3e bataillon quittait Domfront et Flers, pour s'avancer sur Briouze, Putanges, Argentan et plus tard sur le Merlerault et Gacé.

Les pantalons furent envoyés, le drap en était bon.

Les vareuses de bure très-spongieuses, étaient loin d'offrir la solidité que réclamait la fatigue que nous allions subir.

Les gamelles, bidons, marmites furent commandés et livrés avec promptitude.

Les trois bataillons de guerre marchaient comme de vieilles troupes ; ils connaissaient les mouvements les plus usuels ; les exercices de tirailleurs étaient compris et bien exécutés ; quelques cartouches furent brulées.

Les hommes, presque tous un peu chasseurs, tiraient bien et s'intéressaient à leurs armes.

Malheureusement nous ne pouvions obtenir ni pièces de rechange, ni boîtes à graisse.

On ne distribua aucun effet de petit équipement.

A ces détails que l'auteur donne pour bien faire comprendre les difficultés de la levée en masse et ce qui manquait pour que nos soldats puissent s'engager devant l'ennemi dans de bonnes conditions, on doit ajouter un fait qui faillit tout perdre :

Le 20 septembre 1870, les chefs de bataillon reçurent l'ordre du général de brigade, de se tenir prêts à faire des élections dans chaque bataillon.

Le Gouvernement ne pouvait rien inventer de plus fatal et l'histoire sera bien sévère, lorsqu'elle jugera le général de division qui a été assez faible pour ordonner cette monstruosité militaire.

En effet les soldats ayant nommé leurs chefs, se croient aussi le droit de pouvoir les destituer à la première punition qu'ils subissent; on arrive alors à nommer les moins sévères et les moins capables. Ceux-ci ordinairement font de la popularité!

Tous les officiers ayant servi, refusèrent de passer par l'élection et trois chefs de bataillon sur quatre, écrivirent au général et au Préfet :

« Qu'eux et leurs capitaines n'entendaient pas subir cette « épreuve, humiliante pour leurs nominations déjà anciennes, « source d'indicipline pour l'armée, fatale pour le résultat dans « l'avenir! Que volontaires sans engagement, ils se considéraient « libres le jour de l'élection; mais sauraient alors trouver un « autre moyen de défendre leur pays contre l'ennemi. »

Si on remarque que, vu leur éloignement, il ne pouvait y avoir d'entente entre les bataillons, on comprendra que M. Crémieux ait ordonné bien vite de renoncer aux élections dans le département de l'Orne.

Cet acte de bon sens, sauva le régiment et en fit un des meilleurs de l'armée de la Loire.

En effet, la population de l'Orne est toute agricole; les hommes sont grands, forts et habitués aux fatigues; leur caractère est plutôt sombre qu'expansif; mais lorsqu'ils ont connu leurs chefs, ils les ont aimés et estimés; leur tenue était digne, l'amour-propre chez eux était un bon sentiment et lorsqu'ils entraient dans une ville, ils ne chantaient pas comme certaines troupes le faisaient pour se donner un air guerrier, ils ne montraient par *d'enthousiasme*, mais ils possédaient la *résolution*.

Différence bien grande pour le vrai soldat !!

La défense du département avançait et s'organisait; les passages étaient étudiés et fortifiés; quelques abatis d'arbres faits trop tôt, furent ajournés. Les nouvelles étaient mauvaises; chaque jour nous avions le cœur serré en voyant les habitants des environs de Paris, passer sur les routes et marcher vers la Bretagne; des femmes et des enfants couchés sur la paille des voitures, avaient la figure bouleversée et les yeux gros de larmes; les meubles pendaient autour des charrettes, les hommes étaient écrasés de désespoir.

Les troupeaux gagnaient nos forêts. Tout le monde fuyait devant le barbare ennemi qui investissait Paris dès le 24 septembre.

On annonça bientôt les Prussiens à Rambouillet, les uhlans à Houdan et M. Gambetta arrivé à Tours par ballon !!

CHAPITRE TROISIÈME

Le 4 octobre une dépêche télégraphique du Préfet de l'Orne annonçait au commandant du 2e bataillon, l'arrivée pour le lendemain à Beaufai, de douze cent cinquante chassepots.

Le 5, l'échange des fusils se fit promptement.

Dans la nuit arriva un ordre de partir par chemin de fer pour Dreux, et de laisser les chassepots, *parcequ'il n'y avait pas de cartouches!*

A 3 heures du matin, contre-ordre; les cartouches devaient arriver par le train suivant; huit barils étaient annoncés.

Les hommes étaient enchantés de leur nouvelle arme, ils apprirent en route le mécanisme de ces fusils.

Le 6 à 10 heures du matin, le 2e bataillon partit pour Dreux où il arriva à 3 heures de l'après-midi; il fut logé dans la caserne d'infanterie. On apporta de la paille; l'ordinaire fut installé. Un généreux habitant donna une barrique de vin.

A 6 heures, ordre du général de Malherbe, commandant la subdivision d'Alençon, d'envoyer immédiatement trois compagnies à Nogent-le-Roi.

Les trois premières furent désignées et partirent à 8 heures du soir, sous le commandement du capitaine d'infanterie Chazal.

Le commandant croyant à une attaque, promit de marcher le lendemain avec les quatre autres compagnies, afin de soutenir la défense de ce côté, s'il y avait combat.

Le 7 octobre, le commandant des Moutis laissa à la caserne une centaine de malades ou éclopés sous le commandement de l'officier payeur M. Sanson, et partit à 7 heures du matin pour Nogent-le-Roi, avec les 4e, 5e, 6e et 7e compagnies.

A l'entrée de cette ville, nous nous engageâmes à gauche, de manière à surveiller la route d'Epernon et à prendre en flanc, une colonne venant attaquer nos camarades.

Le capitaine Chazal fut prévenu de notre mouvement et des positions occupées par nous.

La journée était très-avancée; les maires de plusieurs communes traversées par notre colonne, ayant appris au commandant que l'on voyait souvent des reconnaissances de Uhlans, les quatre compagnies passèrent la nuit à Senantes.

Le village et trois fermes nous servirent de cantonnement. Il fallut se garder sérieusement et commencer ainsi l'école des grand-gardes et des vedettes.

Le soir, le capitaine Chazal fut informé de la présence de ces 4 compagnies et assuré de leur concours, en cas d'attaque le lendemain.

Deux officiers MM. Baudry et Coqueret, l'adjudant Rageot se déguisèrent et partirent en voiture, à 5 heures du soir, pour Epernon, sous prétexte d'acheter du pain. C'était le seul moyen de connaître les habitudes de l'ennemi et de savoir s'il était encore dans cette ville où avait eu lieu trois jours avant, un combat entre les prussiens et les mobiles d'Eure-et-Loir.

A leur retour, ces Messieurs annoncèrent qu'il n'y avait pas d'Allemands à Epernon, mais que chaque matin, un escadron de leur cavalerie venait de Rambouillet, se portait à 2 ou 3 kilomètres de la ville pour surveiller la plaine du côté de Maintenon, puis se retirait.

M. Baudry apporta un plan topographique de la route.

Il était minuit, les hommes avaient mangé et s'étaient reposés; leur désir était très-vif de ne rentrer à Dreux qu'après un succès.

L'ordre fut donné de se tenir prêts à partir à 2 heures du matin. Le commandant voulait surprendre cet escadron; ses dispositions étaient combinées de manière à espérer que pas un cavalier ennemi ne pourrait se sauver de cette ambuscade.

Malheureusement à 1 heure, le capitaine Chazal nous communiquait une lettre de M. le chef d'escadron de gendarmerie Perottin, commandant à Maintenon, qui le prévenait d'une attaque très-probable sur cette ville pour le 8 au matin, et lui prescrivait de descendre dans les bois de Villiers-le-Morhiers.

Ce n'était donc pas le moment de s'avancer sur Epernon; la colonne Prussienne ne pouvant suivre une autre voie; en conséquence, les 4 compagnies se portèrent sur Saint-Martin-de-Nigelles, et se placèrent à la gauche des trois premières, après avoir mis des vedettes en avant des bois qui dominent la route de Maintenon.

La nuit était froide et sombre, les mobiles exécutaient leur première marche dans l'obscurité. L'émotion fut un instant assez grande, parceque la 5e compagnie qui nous attendait dans un chemin vicinal, dut se faire reconnaître.

La leçon était bonne et au petit jour on exécuta une marche de flanqueurs, fouillant les bois à grandes distances.

Les habitants de St-Martin-de-Nigelles offrirent le repas du matin.

De nouveaux renseignements ayant appris au commandant des Moutis que l'attaque annoncée ne pouvait avoir lieu, les quatre compagnies remontèrent vers Dreux par Mittainville, où venaient chaque jour des cavaliers Prussiens, qui cette fois, ne se montrèrent pas malheureusement.

La colonne arriva à 6 heures du soir à Villemeux par une pluie battante, après avoir fait 60 kilomètres dans la journée.

Les habitants de ce bourg vinrent au devant des mobiles et se les disputèrent pour les bien soigner:

Au moment où le chef de bataillon allait partir pour Dreux, laissant son commandement au capitaine Mazier, il apprit que dans l'après-midi, un peloton de cavalerie prussienne, s'était présenté au Maire de Dreux, pour faire des réquisitions que l'officier annonça devoir venir prendre le 9.

Le capitaine Mazier reçut l'ordre de rejoindre le lendemain dès le jour *(il n'y avait que 12 kilomètres)* et le commandant se rendit à Dreux, afin d'être exactement renseigné.

Le Sous-Préfet lui annonça que le fait était vrai ; que le sous-lieutenant Sanson avec ses écloppés, avait voulu cerner les Prussiens, que le Maire l'en avait empêché, mais aussi avait signifié à l'officier de ulhans, que la ville ne se rendrait pas à vingt-cinq cavaliers et que s'ils ne se retiraient pas immédiatement, il allait les faire attaquer.

Cet officier allemand crut sans doute que ses espions l'avaient mal renseigné, et que des troupes étaient arrivées à Dreux ; il laissa sa note de réquisitions et partit.

Quelques francs-tireurs lui tuèrent près de Cherisy un cheval et un homme ; un blessé fut fait prisonnier.

Après cela, une attaque devenait imminente pour le lendemain.

CHAPITRE QUATRIÈME

Le commandant des Moutis, résolut alors de se défendre, malgré le peu d'hommes qu'il avait à sa disposition *(600 environ)*; il partit le 9 octobre à 6 heures du matin, par la route de Nogent-le-Roi, à la rencontre des 4 compagnies, restées la veille à Villemeux, après avoir donné l'ordre à l'officier payeur d'évacuer la caserne et de se retirer avec les bagages sur Tréon.

A 9 heures, la 4e compagnie seulement était à la hauteur de Mézières; les trois autres avaient pris une autre direction et s'étaient égarées. Deux sous-officiers furent envoyés pour les rallier;

La 4e compagnie traversa l'Eure à Mézières et se porta dans le bois de Marceauceux, afin de surveiller les Prussiens qui viendraient à Dreux par la route de Paris.

Vers onze heures, nous aperçumes quelques escadrons, puis un peu d'infanterie; enfin deux pièces de canon.

Des gardes nationaux et des francs-tireurs s'étaient portés dès le matin sur Cherisy; bientôt la fusillade s'engagea sur ce point, mais faiblement: nos tirailleurs allongèrent leur ligne dans la direction de Germainville; une section resta comme soutien.

Le brave adjudant Rageot, prit à ce moment des effets bourgeois et partit dans la voiture d'un meunier, pour reconnaître ce qui se passait à Cherisy.

Tous deux furent faits prisonniers et emmenés à Houdan pour être fusillés.

Des cavaliers vinrent de notre côté, ils se replièrent après avoir reçu quelques coups de fusil.

Vers une heure, les 4 compagnies étaient réunies : le commandant des Moutis en envoya une vers Cherisy par le chemin qui borde la rivière ; une autre, sur la hauteur par la rive droite de l'Eure, les deux dernières s'avançèrent sur la gauche des Prussiens par les bois de Marceauceux.

Nous reçumes une vingtaine de coups de canon qui ne nous atteignirent pas. Les Allemands, surpris par le feu de nos mobiles blessant leurs artilleurs, se retirèrent précipitamment sur Houdan, oubliant involontairement sans doute, un peloton d'infanterie, qu'une reconnaissance dirigée par le lieutenant Baudry découvrit sur le pont de Cherisy.

Une autre section renforça immédiatement cette troupe et le reste de la 5e compagnie fut conduit sur la route de Paris pour couper toute retraite à l'ennemi.

M. Baudry attaqua vigoureusement les 25 Prussiens qui gardaient une réquisition faite dans le village, sept furent tués, quatre blessés et huit prisonniers.

Aussitôt les compagnies fouillèrent Cherisy et prirent la grand-garde à la Mézangère, sur la hauteur qui domine la rivière de l'Eure; de là, elles purent découvrir la plaine du côté de Houdan.

L'adjudant Rageot, grâce à son sang-froid, trouva le moyen de se sauver au moment d'une panique des Allemands, qui entendant la fusillade de Cherisy, se précipitèrent les uns sur les autres en débandade, et abandonnèrent dans la route, leurs voitures contenant douze blessés et leurs fourgons amenés pour les réquisitions.

Les quatre compagnies reçurent l'ordre de revenir à Dreux à 6 heures du soir, dans le cas où l'ennemi ne se montrerait plus.

En rentrant à Dreux, nous rencontrâmes sur la route, les gardes nationaux, qui, sans chef (1) et avec de mauvais fusils, avaient essayé d'arrêter l'ennemi.

Malgré leur grand désordre, ces braves gens avaient pris part à ce petit succès et tout heureux de savoir les Allemands en retraite, ils prièrent le commandant des Moutis de les diriger le lendemain, s'il y avait lieu.

Rendez-vous fut donné pour 5 heures et demie du matin sur la place. Il était en effet plus que Probableque les Prussiens voudraient venir à Dreux, chercher leurs réquisitions et se venger d'avoir été arrêtés dans leur marche sur cette ville.

(1) Le commandant de Coynard était malade et dans son lit.

CHAPITRE CINQUIÈME

OPÉRATIONS DES 2e ET 3e BATAILLONS

Combat de Cherisy

10 octobre 1870.

La défense de Dreux ne pouvait être tentée qu'avec de l'artillerie, la ville étant bâtie dans le fond d'une gorge. Le plus sage était, en l'absence de canons, de placer les troupes derrière la rivière de l'Eure.

Cette rivière passe à deux kilomètres en avant de Dreux, dans une vallée de 1,000 à 1,200 mètres de large : Deux ponts y sont jetés à 1,500 mètres l'un de l'autre ; le premier au nord se trouve dans le village de Cherisy ; le deuxième au sud-est, dans le bourg de Mezières-en-Drouais.

En avant de l'Eure, sont des côteaux assez rapides du haut desquels on découvre la plaine et la route de Dreux à Paris, par Houdan.

Le 10 octobre à 5 heures et demie du matin, le chef de ba-

bataillon des Moutis, donna à chaque officier des instructions écrites et se porta avec ses quatre compagnies, sur Cherisy.

Barricader le pont avec les entablements et des arbres, ne fut l'affaire que d'un instant, sous l'habile direction du capitaine Le Tessier, commandant la 4e compagnie.

La 7e compagnie se porta en avant de Cherisy, afin de surveiller l'arrivée de l'ennemi.

La 6e était en réserve avec les francs-tireurs de Tillières.

La 5e se plaça sur la rivière entre Cherisy et Mézières.

Les francs-tireurs du capitaine Laval se portèrent sur la voie du chemin de fer, à la hauteur de l'Eure, à notre gauche.

Le pont de Mézières était barricadé et défendu par les gardes nationaux, venus un peu tard au rendez-vous.

Des vivres furent envoyés par la ville de Dreux.

A onze heures et demie, la 7e compagnie se replia sur Cherizy, se plaça en arrière du pont et annonça la présence de deux mille Prussiens, avec artillerie, cavalerie et infanterie, marchant sur trois colonnes.

A ce moment, deux cent soixante hommes de la garde nationale de Laigle arrivèrent à notre secours; ils furent placés dans un chemin creux de 10 mètres et à un kilomètre du pont; les armes laissées en faisceaux, jusqu'à ce que les mouvements de l'ennemi fussent dessinés.

Le canon commença à fouiller les bois.

Au deuxième obus qui arriva sur la route, les gardes nationaux de Laigle se débandèrent et se précipitèrent en désordre sur le 3e bataillon des mobiles de l'Orne, qui nous était envoyé comme renfort.

Quoique le chef de ce bataillon, M. Boudonnet fût plus ancien que le commandant des Moutis, ce dernier officier, sur sa demande, conserva la direction du combat qu'il avait préparé avec connaissance du terrain.

L'effectif du 3e bataillon était de quatorze cents hommes.

Le commandant des Moutis résolut immédiatement de séparer cette troupe en deux colonnes et de tourner les Prussiens qui attaqueraient certainement par le chemin de fer à gauche et par Mézières à droite.

Le commandant Boudonnet prit le commandement des 700 hommes dirigés sur Mézières, par un chemin couvert de grands peupliers: Le lieutenant Baudry conduisait le mouvement. On devait y passer le pont, se porter vers Marceauceux et prendre à gauche par les bois taillis, afin d'entourer l'ennemi et se rejoindre à la 2e colonne, sur la route de Paris.

Les autres 700 hommes commandés par le capitaine de Boissieu et conduits par l'adjudant Ragcot, se portèrent sur la Mézangère en suivant le bas du talus du chemin de fer de Paris; ils devaient dépasser cette ferme, tourner à droite et rallier la colonne de Marceauceux pour compléter le mouvement tournant.

Pendant ce temps le 2e bataillon était aux prises avec les Prussiens qui essayèrent plusieurs fois d'enlever le pont de Cherisy; ce fut en vain; des feux de peloton commandés par le brave capitaine Le Tessier, et les tirailleurs du capitaine Mazier, placés chacun derrière un arbre, arrêtèrent dix fois les charges des colonnes ennemies.

Les Prussiens pour se venger, mirent le feu au village, en

inondant de pétrole les maisons et le mobilier des malheureux habitants.

Le sergent-major Decour se porta plusieurs fois en avant du pont avec des volontaires, mais il dut se retirer devant les nombreux Allemands qui n'osaient passer la rivière, tant notre tir était meurtrier.

Le commandant Boudonnet ayant été aperçu par l'ennemi, fut salué de plusieurs coups de canon qui effrayèrent ses troupes et les dispersèrent au moment où elles arrivaient à Mézières.

Cet officier essaya de rallier ses hommes; il fut enfin obligé de les reformer à cinq cents mètres plus loin, sur la route de Nogent-le-Roi à Dreux, mais il contint l'ennemi de ce côté.

La colonne de gauche était aussi attaquée de la même manière et par de l'infanterie. Ces mobiles furent plus solides. Le lieutenant Druet et l'adjudant Rageot ne restèrent qu'avec deux cents hommes, qui appuyés à ce moment par quelques francs-tireurs du capitaine Laval, combattirent à bout portant et purent arrêter les Prussiens dont les efforts tendaient à nous surprendre de ce côté.

Le grand mouvement tournant était manqué; mais les Prussiens reconnaissant l'impossibilité de passer, se retirèrent vers quatre heures, après nous avoir bombardés toute l'après-midi avec quatre pièces de canon.

Le commandant des Moutis, résolut alors d'occuper le champ de bataille de l'ennemi; il laissa une compagnie sur le pont de Cherisy, pour garder sa retraite, traversa les rues remplies de flammes, et se porta en avant du village avec trois compagnies du 2e bataillon et une du 3e, ralliée par le capitaine Houssin de Saint-Laurent.

Lorsque nous arrivâmes sur la hauteur et par conséquent dans la plaine, trois escadrons de uhlans prirent la fuite vers Marolles, aussitôt notre apparition.

Les chassepots du 2e bataillon les avaient épouvantés.

Aux dire des habitants de Cherisy, l'ennemi avait perdu plus de trois cents hommes; leurs morts brûlaient dans les flammes du village.

Nous n'avions eu dans la journée que deux tués et quinze blessés.*Sept cents mobiles ou francs-tireurs, venaient donc de repousser deux mille Prussiens!*

Les troupes ayant joui de leur triomphe pendant une demi-heure, deux compagnies du 2e bataillon prirent la grand-garde au pont de Cherisy, les autres rentrèrent en ville. Il était six heures du soir.

A ce moment, toutes les gardes nationales du pays arrivèrent, mais personne ne voulut remplacer nos mobiles qui, morts de faim, étaient à bout de forces; ils avaient fait quatre jours de marche par la pluie, s'étaient battus deux fois et presques toutes les cartouches étaient employées.

Le général, commandant à Alençon, fut prévenu par le télégraphe, de l'heureux événement du jour et aussi des craintes pour le lendemain.

Ont été cités comme s'étant les plus distingués dans ces deux journés:

Le capitaine LE TESSIER.

Le capitaine MAZIER.

Le lieutenant de **FOULQUES**.

Le lieutenant **BAUDRY**,

L'adjudant **RAGEOT**.

Les sergents majors **DÉCOUR**, **LOISEAU** et **MOREL**,

Le sergent **DUPUY**.

MM. Le Tessier, Baudry et Rageot ont été proposés pour chevaliers et le chef de bataillon des Moutis pour officier de la légion d'honneur, par le général Fiéreck, commandant l'armée de l'Ouest.

La ville de Dreux était pleine d'hommes en armes; six mille gardes nationaux du pays, étaient arrivés dans la journée; les cabarets n'avaient pas désempli, les vivres de la mairie étaient employés depuis longtemps; c'était une cohue affreuse et incapable de faire un service quelconque.

Le Sous-Préfet ne savait à qui répondre; cependant après les observations du commandant, il avertit celui-ci que le soir à dix heures, il y aurait dans son hôtel, une réunion de toutes les autorités.

Un camp prussien de cinq à six mille hommes existait entre Marolles et Houdan; il était plus que certain que le 11 nous serions fortement attaqués.

Le commandant des Moutis dut prévenir le Conseil de guerre: « que les hommes du 2e bataillon de l'Orne étaient « exténués de fatigue, qu'il ne leur restait plus que deux barils « de cartouches chassepot, et que toutes les gardes nationales « mal armées, mal commandées ne pouvaient compter pour des « forces sérieuses. »

Le commandant Boudonnet n'avait plus avec lui que ses

officiers et une compagnie et demie, ses hommes s'étaient éparpillés.

Des renseignements furent apportés en ce moment, par un capitaine de francs-tireurs, venu exprès pour nous avertir que le lendemain nous serions tournés par le pont de Fermaincourt et que les troupes prussiennes étaient déjà campées dans ce village situé à 8 kilomètres, à gauche de Cherisy.

Les généraux de Chartres et d'Evreux ne pourraient, d'après depêches, nous envoyer de secours.

Le commandant des Moutis, montra alors un télégramme du général de Malherbe, ainsi conçu (1) :

Alençon, 9 heures du soir.

Vous savez que je n'ai pas d'artillerie; j'envoie votre dépêche au commandant supérieur, je vous ferai part de sa réponse. Correspondez avec Chartres. Compliments, courage et surtout circonspection.

Signé : général DE MALHERBE.

Puis il ajouta : « qu'avec cinq compagnies presque sans munitions et ausssi fatiguées qu'elles l'étaient, il ne pouvait éviter, d'être tourné, ainsi que venait de l'indiquer la note reçue de Fermaincourt; que battu forcément, il craignait de faire brûler Dreux comme Cherisy venait de l'être, et qu'il croyait plus sage de se retirer à trois ou 4 kilomètres en

(1) Les pièces officielles ont été envoyées au général Fiéreck, à l'appui du rapport sur le combat de Dreux.

arrière sur la hauteur de Vert-en-Drouais, ne voulant pas risquer de faire écraser inutilement les bonnes troupes de son bataillon, déjà fort d'un petit succès, et que là il attendrait des ordres du général en chef à qui une dépêche télégraphique venait d'être envoyée au Mans. »

Tout le monde approuvant sa résolution, le commandant des Moutis donna des ordres pour le départ, à 2 heures du matin.

A une heure arriva une lettre du lieutenant-colonel des mobiles du Calvados, par laquelle il annonçait son arrivée, pour le 11.

M. de Beaurepaire ne disant pas le nombre d'hommes qu'il amenait avec lui, ni s'il avait des cartouches Chassepot, et les deux compagnies laissées de grand'garde au pont de Cherisy, ayant commencé leur mouvement depuis une demi-heure, nous partîmes de Dreux afin d'éviter une attaque de nuit, mais avec l'espérance de servir de réserve dans la matinée.

A notre arrivée à Vert-en-Drouais, nous fumes rejoints par un courrier chargé d'une dépêche du général de Malherbe, ordonnant d'aller à Nonancourt prendre le chemin de fer, le 2e bataillon pour Verneuil, le 3e bataillon pour Laigle.

Ici je suis obligé de citer un fait grave qui aurait pu nous coûter la vie d'un officier supérieur :

Après notre départ de Dreux, des hommes soit-disant furieux du désarmement ordonné par la municipalité, crurent très-patriotique d'accuser le commandant Boudonnet d'avoir fui devant l'ennemi.

Le lieutenant-colonel de Beaurepaire chargé de l'instruction de cette affaire, le fit arrêter et traduire devant un Conseil de guerre.

Il fut prouvé que le commandant Boudonnet, loin d'être coupable, avait fait de son mieux pour rallier ses hommes qui, malheureusement armés seulement de la veille et n'ayant jamais encore été sous le commandement direct de leur chef, n'avaient tenu aucun compte de ses ordres.

M. Boudonnet fut acquitté.

Depuis cette époque, le 3e bataillon quoique mal instruit, a montré un grand courage et a perdu au feu une partie de son effectif.

Deux chefs de ce bataillon, ont été successivement blessés.

Après ce combat, à la suite duquel les Prussiens disparurent pendant quelques jours, des farceurs de tout genre, besoigneux, orgueilleux et autres ont essayé de changer en échec la victoire du 10 à Cherisy.

Certains hommes, dont le patriotisme consistait à ne pas se battre, mais à paraître beaucoup; *délégués* de toutes sortes, sont arrivés le 11 à Dreux, poussant des cris féroces et amenant avec eux, les uns quatre gendarmes, les autres huit ou dix gardes nationaux d'un courage à toute épreuve.

Suivant eux, tout le monde avait trahi ! et notez bien que ceux qui criaient le plus à la trahison, étaient les fuyards du 10 au matin ! !

Mais voici qui est aussi fort !

On lit dans les dépêches prussiennes :

Versailles, 11 *octobre* 1870.

La division de cavalerie Rheinhaben a rejeté le 10 cou-

rant, quatre mille gardes mobiles au-delà de l'Eure, près Cherizy, en leur faisant subir des pertes sérieuses.

La triste comédie des Français de Chartres et autres lieux autorisait peut-être les Allemands à ne pas se vanter d'un échec véritable. Mais le général Rheinhaben et ses compatriotes avaient assez de victoires à leur actif, pour se montrer plus généreux et moins ennemis de la vérité.

A Verneuil et à Laigle, le 2e et le 3e bataillon finirent de s'équiper à peu-près complétement : Les trois premières compagnies du 2e bataillon étaient toujours à Nogent-le-Roi.

C'est à cette époque que Mgr. l'Évêque de Seès, voulant faire donner les secours spirituels à ceux qui allaient chaque jour risquer leur existence dans les combats, nous envoya un aumônier par bataillon :

1er bataillon, le père CABIROL, Rédemptoriste de la maison religieuse d'Argentan;

2e bataillon, le père LE MEUR, Rédemptoriste de la maison religieuse d'Argentan.

3e bataillon, le père DUGUAY, religieux de la maison de Tinchebrai.

4e bataillon, le père SURBLÉE, religieux de la maison de Tinchebrai.

Ces excellents prêtres en s'associant aux misères et aux souffrances de cette rude campagne, ont sur les champs de bataille comme pendant les marches, montré un grand courage, une sublime abnégation et nous ont laissé un souvenir plein de reconnaissance, pour les bons soins dont ils nous ont entourés.

Le 20 octobre, le 2e bataillon reçut l'ordre de partir en chemin de fer pour Connerré et Saint-Calais.

De cette ville, il fut dirigé par Montmirail, sur Thiron-Gardais où il trouva les trois compagnies qui étaient restées à Nogent-le-Roi ; nous arrivâmes le 27 octobre à Montigny (Eure-et-Loir).

Le 3e bataillon vint nous rejoindre le lendemain.

Le lieutenant-colonel LE CLERC, étant tombé malade, le commandant DES MOUTIS fut nommé lieutenant-colonel le 31 octobre et remplacé par le capitaine MAZIER, officier d'infanterie, démissionnaire.

ARMÉE DE L'OUEST

ILLIERS (Eure-et-Loir)

CHAPITRE SIXIÈME

Ordre de l'armée de l'Ouest (N° 1.)

M. le lieutenant-colonel des Moutis prendra la direction de la défense du Perche, vers Illiers, depuis Nouvillers jusqu'à Péruchet; il aura sous ses ordres : les 2e et 3e bataillons de mobiles de l'Orne, un bataillon de mobiles de la Sarthe (commandant de Mailly), un bataillon de mobiles de la Loire-Inférieure (commandant de Candeau), deux compagnies de mobiles des Bouches-du-Rhône, un escadron de chasseurs (capitaine Rozier) et une demi-batterie d'artillerie (pièces de 12).

Le lieutenant-colonel,

Signé : ROUSSEAU,

Chef d'état-major.

La ligne de défense confiée à nos petits corps détachés, s'étendait d'Evreux à Châteaudun et se reliait au sud avec l'armée de la Loire.

Quoique notre cantonnement fût Montigny, nous devions protéger le Perche jusqu'à Illiers, en nous reliant à Saint-Denis et à Brou.

Le 3e bataillon fut envoyé aux Châtelliers.

Le 31 octobre, à midi, le lieutenant-colonel des Moutis, reçut la lettre suivante : (n° 2.)

Monsieur le Colonel,

L'ennemi est à Illiers, on a besoin de secours, venir immédiatement.

Le maire dIlliers,

Signé : DUMUID.

L'escadron du 11e chasseurs monta lestement à cheval, et fut suivi par le 2e bataillon de l'Orne.

Arrivé à cinq cents mètres d'Illiers, le capitaine Rozier apercevant des cavaliers prussiens en vedette, les chargea, mais craignant de tomber sur de trop grandes forces occupant la ville, il dut modérer ses hommes qui tuèrent trois uhlans, leur officier et prirent plusieurs chevaux.

L'ennemi annoncé se composait de 25 cavaliers seulement.

Le lendemain matin, nouvelle lettre du maire d'Illiers, disant « que cinq hussards avaient encore visité la ville. »

Le lieutenant-colonel partit avec toutes les troupes et s'avança sur Illiers. Des cavaliers prussiens furent tués ou fait prisonniers.

L'escadron de chasseurs reçut alors l'ordre de rester à Méréglise, et de laisser à Illiers un peloton pour servir de grand'-garde au bataillon qui fut envoyé dans cette ville.

Nous reçûmes à ce moment deux excellentes troupes de renfort; une compagnie de francs-tireurs de Tours, commandée par un brave officier, le capitaine Hildebrand, et une autre de Flers (Orne), sous les ordres du capitaine Malherbe, officier plein de zèle et d'énergie.

Cette brigade s'augmenta aussi, le 3 novembre, de deux escadrons de cuirassiers, commandés par M. le chef d'escadron de Cointet; ils furent cantonnés à Montigny.

Le lieutenant-colonel des Moutis crut pouvoir alors occuper Illiers tout-à-fait, les vivres y étaient abondants et le télégraphe disponible.

Les troupes ayant le Loir à dos, se trouvaient un peu en l'air, mais on pouvait facilement se retirer devant des forces considérables sous la protection de l'artillerie placée sur les hauteurs qui existent en arrière de la ville et se mettre en bataille en deçà d'un grand retranchemant qui fut construit à hauteur de Méréglise, sur une longueur de 4 kilomètres.

Chaque jour un mobile déguisé se rendait à Chartres, afin d'instruire au retour le lieutenant-colonel des grands mouvements de l'ennemi.

Le 3 novembre nous apprîmes que nous allions être attaqués par 2,000 hommes.

Le colonel Rousseau en fut informé; ses renseignements lui confirmaient cette nouvelle. Le lieutenant-colonel des Moutis, après avoir envoyé une dépêche à son chef, écrivit au colonel Des Mares (de la Manche), pour le prier de lui envoyer le bataillon du commandant de Grainville, de manière à l'avoir sous la main le 4 de bon matin.

Le cavalier porteur de la dépêche revint sans réponse.

Le 3, à neuf heures du soir, le lieutenant-colonel des Moutis, recevait la lettre suivante : (n° 3.)

Nogent, 3 novembre.

Mon cher Colonel,

Les ordres du général en chef sont formels; nous devons défendre le Perche à outrance et il ne veut pas que nous nous aventurions en plaine. La position d'Illiers est détestable, vous avez dans le dos une rivière qui n'est pas du tout facile à franchir, il faut la mettre entre vous et l'ennemi. S'il a l'imprudence d'entrer dans Illiers, vous l'y écraserez, mais ne faites pas la faute d'y rester. Votre artillerie placée sur les hauteurs du Perche dominera la plaine et s'y vous parvenez à en déloger l'ennemi, alors seulement vous lancerez votre cavalerie, mais ne vous y fiez pas.

*Ne montrez pas vos forces; en résumé je vous donne l'*ordre d'évacuer Illiers *et d'occuper fortement les premiers bois du Perche, conformément à ce qui est prescrit par le général en chef.*

Gardez avec soin Saint-Emon et les Châtelliers, je vais y diriger trois pièces de Champrond.

Je sais que vous avez devant vous, non pas deux mille hommes, mais dix mille *avec artillerie, cavalerie et* ambulances, *ce qui prouve qu'on est déterminé à vous attaquer sérieusement. Ne craignez donc pas de vous mettre en bonne position; si vous étiez battu, la route de Nogent vous serait ouverte. Ne l'oubliez pas, il vous faut un succès! L'ennemi vous attaquera à quatre heures du matin.*

Signé : ROUSSEAU.

L'ordre était *formel*, il fallait quitter Illiers au risque de voir l'ennemi brûler la ville pour se venger de ses pertes.

Mais les premiers bois du Perche n'étaient qu'à hauteur de Montigny, en arrière de Méréglise; jusque là tout était plaine sur une longueur de six kilomètres; pouvait-on, avec des troupes jeunes et sans cohésion, espérer écraser l'ennemi dans Illiers et surtout après avoir déjà battu en retraite?

Le 4, à 3 heures et demie du matin, nous partions d'Illiers où deux pelotons de cavalerie restèrent en grand'garde.

Le bataillon de la Loire-Inférieure prit position aux Châtelliers, le 2e de l'Orne dans le parc de Méréglise et les autres troupes gardèrent les bois en avant de Montigny. L'artillerie se mit en batterie sur la route de Nogent-le-Rotrou. Mais la défense était mauvaise, les bataillons trop éloignés les uns des autres et la direction du chef très-difficile.

Heureusement nous ne fumes pas attaqués.

Le 4, au soir, le bataillon de Grainville (de la Manche), envoyé de Brou, arriva à Montigny, sans encombre, après avoir passé par Illiers où, ne l'attendant pas, on n'avait pu lui laisser d'ordres.

Le 5 novembre la triste nouvelle de la capitulation de Metz nous fut communiquée avec un ordre d'afficher dans les cantonnements occupés par nos troupes, la déplorable proclamation dans laquelle M. Gambetta, ministre de la guerre, accusait le maréchal Bazaine d'être traître à la patrie.

Le lieutenant-colonel envoya aussitôt au colonel Rousseau, à Nogent, la dépêche suivante :

5 *novembre* 1870.

Mon Colonel,

J'ai appris avec un profond serrement de cœur la capitulation de Metz et j'ai lu avec presque autant de peine la proclamation de M. Gambetta. Je vous prie de dire au général en chef que je refuse formellement de faire afficher dans les cantonnements les feuilles que vous m'avez envoyées. Il n'est pas juste d'admettre sans preuves, qu'un maréchal de France ait trahi la patrie, et je trouve très-imprudent d'introduire chez nos jeunes troupes, ce mot trahison, *qui pourrait facilement dans l'avenir, être appliqué à des chefs que la masse ne connaît pas encore.*

Si le ministre de la guerre croit former ainsi la disci-

pline d'une nouvelle armée, les hommes de cœur vont pouvoir marcher à la mort, sans jamais espérer un succès.

Recevez, etc.

Le lieutenant-colonel,

DES MOUTIS.

Petit à petit les bataillons rentrèrent à Illiers d'où nous tirions les vivres et les fourrages. L'artillerie restait à Montigny avec un bataillon. Nous reçumes encore une compagnie de francs-tireurs de la Dordogne et une autre d'Oran; mais le 2e bataillon de la Sarthe partit pour Le Mans.

Tous les matins nous faisions prisonnière une reconnaissance prussienne envoyée à Illiers pour voir si la ville était libre.

Voici comment on s'y prenait :

L'après-midi, nous partions vers trois heures pour Méréglise, tous les clairons en tête et sonnant ensemble; on y faisait la soupe, et à huit heures nous rentrions silencieusement dans la ville *d'où personne ne sortait plus.*

Les compagnies étaient logées dans des granges situées à l'entrée de chaque rue, du côté de la plaine.

Le matin la reconnaissance prussienne s'avançait.

Une vigie placée dans le clocher de l'église frappait un coup sur la cloche.

A ce signal tous les soldats rejoignaient leur compagnie ou se cachaient dans les maisons.

Deux coups de cloche avertissaient de se tenir prêts, parce que les uhlans approchaient; les factionnaires rentraient dans les cours.

Les Prussiens une fois dans la ville, on frappait trois coups : alors les compagnies sortaient et barraient toutes les issues.

Les cavaliers étaient pris.

Dix fois ce stratagème réussit.

Dans la journée, les braves capitaines Rozier et Guttin, du 11e chasseurs, faisaient des reconnaissances avec leur escadron et nous ramenaient toujours des prisonniers.

Le 8, notre demi-batterie partit pour Chateaudun.

Le 9 novembre, des masses de cavalerie ennemie vinrent à 3 kilomètres d'Illiers, faire des manœuvres du côté de Voves, de façon à masquer, pensions-nous, un mouvement du gros de leurs troupes marchant de Chartres sur Orléans.

Lorsque Illiers fut barricadé, des compagnies s'avancèrent en échelons de manière à attaquer la cavalerie prussienne dont la retraite s'opéra devant une sortie d'un bataillon, sous les ordres du lieutenant-colonel des Moutis, qui manœuvrait de manière à lui couper la route de Chartres.

Il nous fut impossible de rejoindre cette colonne.

Le colonel Rousseau, prévenu de notre position, avait envoyé à deux heures de l'après-midi, pour savoir si les Châtelliers étaient occupés par le bataillon de la Loire-Inférieure.

Notre gauche était bien couverte, notre droite était aussi gardée à Frazé par le 3e bataillon de la Manche.

Le soir, à 6 heures 50, le lieutenant-colonel des Moutis recevait une autre dépêche ainsi conçue : (n° 4.)

Illiers est une souricière, n'essayez pas de vous maintenir contre des forces supérieures.

Signé : ROUSSEAU.

Pour obéir à ces ordres, notre brigade se retira le 10 à Montigny, laissant les chasseurs et le 3e bataillon en avant-garde à Illiers, afin d'assurer nos vivres; une moitié du 2e bataillon rentra à Méréglise, la seconde moitié partit pour Montigny; le bataillon de la Loire-Inférieure était toujours aux Châtelliers.

Les compagnies de francs-tireurs restèrent aussi à Illiers, afin de surprendre les cavaliers ennemis rôdant sans cesse sur toutes les routes.

Le 10, le colonel Rousseau écrivait au lieutenant-colonel des Moutis. (nº 5.)

L'ennemi a quitté Chartres et n'y a laissé qu'une faible garnison; il se dirige à marches forcées sur Orléans, je vais m'assurer de la position de Chartres et tenter un mouvement. Dans ce cas, je vous ferai prévenir pour que vous envoyez votre cavalerie et un bataillon au moins dans la direction de cette ville; vous savez que le général Fiéreck est parti pour Chateaudun, avec dix-sept mille hommes.

Signé : ROUSSEAU.

Le lieutenant-colonel des Moutis envoya à Chartres un mobile déguisé, afin d'être sûrement renseigné sur ce qui s'y passait; ce brave garçon nommé Foulon, fut absent deux jours; on commençait à être inquiet de lui, malgré l'aplomb et l'intelligence dont il avait déjà fait preuve; il rentra cependant le 11, à 8 heures du soir, annonçant l'arrivée à Chartres de *vingt mille* Prussiens venant de Versailles.

A neuf heures, une dépêche du sous-chef d'état-major du May prescrivait « de faire *un mouvement en avant*; nous devions être soutenus par le commandant de la Ferronnays, qui partait de Pontgouin, le 12 à 6 heures du matin. »

Les renseignements certains apportés il y avait une heure, rendaient cette marche impossible ou folle et cependant, comment abandonner M. de la Ferronnays ?

Heureusement, cet officier reçut les mêmes nouvelles que nous et s'arrêta à Landelles.

Le lieutenant-colonel fit ce jour là une reconnaissance sur la route de Chartres, à 3 lieues d'Illiers. La cavalerie signala un camp prussien au pont Tranchefêtu, et nous rentrâmes dans nos cantonnements, après avoir prouvé à l'ennemi que nous nous gardions et qu'il lui était impossible de couper la retraite au général Fiéreck qui attaquait Chateaudun.

En revenant de notre expédition, l'escadron du 11e chasseurs chargea et prit plusieurs cavaliers prussiens, après avoir tué leur officier.

Le colonel Rousseau finit par accepter l'occupation définitive d'Illiers, lorsqu'il eut jugé par lui-même, les difficultés de la défense, en avant de Montigny.

Les 13, 14 et 15, diverses reconnaissances firent encore quelques prisonniers.

Le lieutenant Doynel, des mobiles de la Manche, se distingua dans toutes ces expéditions.

Le 15, le lieutenant-colonel des Moutis reçut les dépêches suivantes : (n° 6.)

Champrond, 15 novembre, 6 heures du soir.

Mon cher Colonel,

Je suis à Champrond, sans autre escorte que l'escadron de chasseurs; pas un fantassin devant moi; en pareilles conditions, je reste ici cette nuit, et cependant, je puis être enlevé.

J'ai prescrit au bataillon de Petiville d'être ici demain. Je suis charmé de la petite expédition de votre escadron et je prends note du courage de ses officiers et soldats: J'ai rarement vu un entrain pareil; vous savez que jusqu'ici rien n'est venu démentir l'arrivée de vingt mille hommes à Chartres, savoir quatre régiments d'infanterie, deux de cuirassiers, deux de uhlans, trois de hussards, un de dragons et soixante pièces de canon, génie, pontonniers.

Cela n'empêche pas que vous teniez la campagne de manière à les empêcher de vous reconnaître de trop près, comme vous avez fait cette nuit.

Je suis fâché de vous enlever votre cavalerie, mais tant que nous occuperons Bonneval, vous ne serez pas chaudement attaqué, vous serez peut-être obligé de faire des avances.

Signé: ROUSSEAU.

Et encore à la même date, 10 heures du soir. (n° 7.)

Vous m'avez demandé de placer une partie du bataillon

de la Loire-Inférieure à Montvilliers, j'accepte cette proposition.

Le général en chef a fait partir pour Marchenoir, le 41e de marche et la batterie de 4 de la Ferronnays, ce qui va nous affaiblir de ce côté. Prenez donc bien vos précautions pour ne pas vous laisser enlever dans Illiers et prescrivez au bataillon de M. de Candeau de se garder avec soin sur sa gauche; c'est d'autant plus important que les vingt mille Prussiens sont bien à Chartres.

Je fais venir à Saint-Denis-des-Puits le 3e bataillon de la Manche (commandant de Vains); Frazé se trouvera donc dégarni.

Nous sommes à la veille d'une grande bataille; si par malheur nous éprouvions un échec et que des fuyards vinssent de votre côté, employez les moyens les plus énergiques pour les reformer, en faire un corps et les empêcher de passer.

Signé: ROUSSEAU.

Le 16, nouvelle dépêche; (n° 8).

Champrond, 16 *novembre.*

Mon cher Colonel,

Je vous envoie une dépêche du général en chef qui prescrit la rupture des ponts sur le Loir, le labourage des routes, puis de prendre position derrière cette rivière, de Mézières à Lavieuville par Villebon.

Veuillez faire passer ces ordres au Colonel Des Mares, aux commandants de Grainville et de Clinchamp.

Vous vous entendrez avec M. Lemoine Des Mares pour l'exécution de l'ordre du général en chef; il se rendra à Illiers pour conférer avec vous.

Si son état de maladie ne lui permet pas de le faire, vous donnerez des ordres directement aux deux chefs de bataillon de la Manche.

Signé: ROUSSEAU.

Le 15 novembre, les trois escadrons de cavalerie partirent pour l'armée de la Loire.

Le colonel Des Mares qui gardait Brou, Frazé et la Chapelle-Royale se rapprocha de nous, fit couper les ponts et les routes.

Le 17, un ordre appelait cet officier au commandement de la place de Nogent-le-Rotrou.

Le 18 à onze heures, au moment où, d'après de nouveaux ordres, le lieutenant-colonel des Moutis allait évacuer Illiers, il apprit par un exprès envoyé de la part du commandant de la garde nationale, que les Prussiens s'avançaient sur la ville; nous ne pouvions donc partir.

Le chef de bataillon de la Loire-Inférieure reçut l'ordre de réunir tout son monde aux Châtelliers; le 2e bataillon de s'avancer jusqu'à un kilomètre d'Illiers, le 3e bataillon gardait cette position.

Une mitrailleuse du département de la Sarthe, nous arriva à ce moment.

CHAPITRE SEPTIÈME

Combat d'Illiers

18 novembre 1870.

Les rues étaient barricadées fortement ; du clocher on voyait à 5 kilomètres dans la plaine.

La cavalerie prussienne commença par fouiller toutes les fermes et harceler les grand'gardes qui rentrèrent bientôt.

Six pièces de canon se mirent à nous bombarder d'une distance de 4 kilomètres.

Le lieutenant-colonel n'apercevant pas d'infanterie, fit essayer la mitrailleuse, mais l'ennemi se tenait loin de notre portée.

La moitié du 2e bataillon se rendit à Saint-Émon, entre les Châtelliers et Illiers, et l'autre moitié resta en réserve.

Les hommes se mirent à l'abri derrière les barricades que les officiers reçurent l'ordre de défendre, coûte que coûte.

Les obus tombaient sans relâche ; toutes les maisons furent atteintes, le feu prit aux quatre premières, sur les routes de Chartres et de Voves.

Vers 2 heures, deux bataillons de la Manche (commandants

de Grainville et de Clinchamp), arrivèrent à notre secours par la route de Brou.

Le commandant Candeau, après avoir laissé trois compagnies aux Châtelliers, arriva aussi sur Illiers, avec un demi-bataillon.

Le lieutenant-colonel des Moutis, voyant que les troupes tenaient vigoureusement dans Illiers, fit avancer la réserve et accompagné d'un demi-bataillon de l'Orne, des quatre compagnies de la Loire-Inférieure et de deux compagnies de francs-tireurs, il se porta sur la route de Courville, afin d'exécuter à gauche le mouvement tournant que semblaient commencer à droite les bataillons de la Manche qui restèrent à découvert sur la hauteur du château de la Folie, entre les routes de Brou et de Voves.

Les Prussiens effrayés par ce simulacre, cessèrent leur feu et prirent précipitamment la route de Chartres, à quatre heures et demie.

Le bombardement avait duré près de cinq heures; six maisons étaient brûlées, toutes les autres percées; pas un habitant n'avait été touché, et par un heureux hasard, nous n'avions que quatre tués et quinze blessés, dont un officier du 3e bataillon de l'Orne, M. Barré, sous-lieutenant.

Le colonel Rousseau, envoya dans la journée, les dépêches suivantes : (n° 9.)

Champrond, 18 novembre, 11 heures du matin.

Mon cher Colonel,

Voici l'ordre du général en chef Fiéreck:

Ne nous occupons plus de la ligne de défense au-delà d'Illiers; pour nous venir en aide, fortifiez-vous, et défendez les positions indiquées.

Envoyez-moi le bataillon de Clinchamp et celui de Grainville, nous allons être attaqués très-sérieusement du côté de Landelles et la route de Nogent est à peine gardée!

Signé : ROUSSEAU.

Champrond, 18 novembre, 7 heures du soir.

Mon cher Colonel, (n° 10.)

Je croyais à une attaque sur Courville, je me suis porté dans cette direction. Le bruit du canon m'a rappelé à Champrond. J'étais fort inquiet de vous; j'apprends avec plaisir que vous n'avez pas éprouvé grand dommage et surtout que vous n'avez pas perdu votre position, ce que j'espérais bien un peu, vu la persistance du canon. J'ai demandé le bataillon Grainville; si vous le croyez nécessaire, vous pouvez le garder; vous ne le ferez partir que lorsque vous aurez la presque certitude de ne pas être attaqué de nouveau.

Envoyez-moi le bataillon Clinchamp.

Je dirige vers vous deux pièces de 12.

Mille compliments,

Signé : ROUSSEAU.

Les habitants d'Illiers avaient montré un grand courage, je

les citai dans mon rapport ainsi que les francs-tireurs de Flers (Orne), capitaine Malherbe, ceux de Tours, capitaine Hildebrand et ceux de la Dordogne, commandés par un ancien officier de marine d'une bravoure à toute épreuve.

Furent cités encore, le commandant Boudonnet, le capitaine Lessart du 3e bataillon et le sous-lieutenant de Fontaines du 2e de l'Orne.

Le 19, le 3e bataillon de l'Orne se retira à Montigny. Le 2e bataillon se cantonna de manière à garder les retranchements faits en avant de Méréglise, aux Barres et à la Micotière. Les francs-tireurs restèrent à Illiers, avec les compagnies des Bouches-du-Rhône, afin de couvrir notre droite au moulin de la Leu. Le 4e bataillon de la Manche garda Illiers.

Le lieutenant-colonel, reçut la dépêche suivante, à 7 heures du soir. (n° 11.)

Champrond, 19 *novembre,*

Mon cher Colonel, (1)

J'ai lu votre rapport avec beaucoup d'intérêt, je suis charmé de voir que votre brigade a tenu courageusement au feu de l'artillerie. Je sais que l'exemple de leur chef a été pour beaucoup dans leur fermeté, aussi je vous adresse toutes mes félicitations. Je suis bien certain que si nos ennemis se laissent approcher, ils se repentiront de leur lâche canonnade.

(1) Toutes ces dépêches seront remises, dans la présente année, aux archives du ministère de la guerre, à Paris.

(Note de l'auteur.)

Je suis très-heureux des éloges que vous me faites du commandant Boudonnet, c'est sa juste réhabilitation pour laquelle je me fais un plaisir de lui adresser une lettre.

Veuillez, etc.,

Signé : ROUSSEAU.

Le 20, à dix heures du matin, le lieutenant-colonel des Moutis recevait par cavalier la lettre suivante (n° 12.)

Nogent, 19 *novembre (soir).*

Mon Colonel,

Le colonel Marty a laché pied, il se replie sur Longny.

Le commandant de la Ferronnays descend à Bretoncelles et la Fourche.

Le colonel Rousseau, va prendre le commandement de la ligne jusqu'à la Ferté-Vidame, et va se porter de ce côté avec les troupes qu'il a sous la main.

Vouz ne pouvez rester isolé, le général Fiéreck vous donne l'ordre de suivre le mouvement qui va s'opérer de droite à gauche.

Je retourne cette nuit près du colonel pour prendre les ordres sur l'exécution de cette mesure; mais en attendant faites marcher vos troupes sur Combres et Thiron. Nous laissons la plaine pour défendre l'Orne.

Signé : DU MAY.

Chef d'état-major.

Les ordres venaient d'être donnés pour exécuter ces instructions, lorsqu'un autre estafette arriva à onze heures et demie, avec une nouvelle dépêche. (n° 13.)

Ordre

Monsieur le colonel des Moutis, abandonnera la ligne d'Illiers aux Châtelliers. Il occupera la ligne de Montigny à Nonvilliers. Il aura à sa gauche le commandant Régnouff de Vains qui occupe la tête du bois de Gâtine; il fera bien d'occuper Frazé ou au moins de surveiller la route; il recevra deux pièces de 12 aujourd'hui; s'il est poussé trop vivement, il prendra position à Thiron, en gardant la route de Frazé; le commandant de Clinchamp est provisoirement à Combres et a l'ordre de donner des renforts, s'il est nécessaire.

Champrond, 20 novembre 1870.

Le colonel,

Signé : ROUSSEAU

N. B. Faire occuper par M. Candeau, Nonvilliers, le Mesnil et la Bergerie.

Quartier général transporté à Condé-sur-Huisne.

De nouvelles instructions furent encore données. Le bataillon de la Manche quitta Illiers pour arriver à Montigny dans l'après-midi.

Le bataillon de la Loire-Inférieure qui s'était porté à Nonvilliers après la 2e dépêche, fit aussitôt savoir au lieutenant-colonel des Moutis, que les Prussiens s'avançaient sur les Châtelliers et sur la route de Chartres à Nogent-le-Rotrou.

A 5 heures et demie, un mobile de la Manche arriva à Montigny tout essoufflé, sans armes et raconta au lieutenant-colonel que vers quatre heures, son bataillon (Manche, commandant de Vains) venant de Nogent à Saint-Denis, avait été attaqué et mis en fuite par les Prussiens, pendant que les hommes dressaient leurs tentes.

Ces renseignements arrivant après les deux ordres contradictoires qu'il avait été impossible de mettre entièrement à exécution, vu les distances, forcèrent le lieutenant-colonel des Moutis à envoyer une dépêche au général en chef d'abord, puis au colonel Rousseau, afin de leur dire ce qui arrivait et de ne quitter sa position que sur des ordres formels.

En ce temps là, d'après une circulaire du terrible ministre de la guerre, il n'était pas prudent d'agir suivant les circonstances impérieuses; seulement les chefs de corps devaient être traduits devant un conseil de guerre, s'ils abandonnaient les points indiqués par la défense nationale, ou s'ils se laissaient surprendre. Il est vrai que ces chefs n'avaient aucun moyen de contrôle, puisqu'ils étaient privés de toute cavalerie; mais il en était ainsi ! !

Il fallut donc attendre.

Le lieutenant Baudry partit aussitôt à cheval du côté de Champrond et apprit que l'ennemi campait à Saint-Denis, Champrond et aux Corvées; que le bataillon de Clinchamp avait été obligé de se retirer de Combres à sept heures devant des forces supérieures qui y bivouaquaient.

Cet officier rentra à minuit.

Les Prussiens traversaient donc notre ligne de défense par le milieu et suivaient la route de Chartres à Nogent; si nous tardions à Montigny, nous pouvions être tournés le lendemain à la pointe du jour, par Chassant, où viennent aboutir les routes de Combres et d'Happonvilliers.

A onze heures du soir, le général Fiéreck envoyait la dépêche suivante: (n° 14.)

Le Mans, 20 novembre 1870, 7 heures du soir,

Général commandant supérieur Ouest à colonel des Moutis (à Thiron) (1).

Je ne suis pas d'avis que vous vous retiriez sur Thiron qui est trop bas; vous risqueriez d'être tourné par votre gauche; occupez le bois de Champrond, votre droite à Nonvilliers et votre gauche vers Montlandon.

En cas d'une attaque venant d'Illiers, vous vous replierez sur Bretoncelles.

Signé : FIÉRECK.

Cet ordre devenait inexécutable par suite de la marche des Prussiens, et il n'y avait plus d'espoir qu'en la dépêche du colonel Rousseau.

Le lieutenant-colonel des Moutis et le commandant de Grainville consultaient la carte, pendant que le bataillon de la Manche prenait les armes, pour garder les deux pièces de 12 et la mitrailleuse qui venaient d'être attelées.

(1) Le télégraphe était à Thiron, un gendarme apportait les dépêches à Montigny (14 kilomètres.)

A minuit, le lieutenant-colonel ne voyant pas arriver de nouvelles et craignant d'être coupé à Chassant, qui n'est qu'à quatre kilomètres de Combres, résolut de tâcher de gagner Thiron, pour éviter une attaque à Chassant.

Trois officiers de mobiles de la Manche, entr'autres M. Josset lieutenant, partirent pour Nonvilliers et le Mesnil, porter l'ordre au commandant Candeau de se mettre en marche, de manière à ce que la colonne puisse quitter Montigny à deux heures du matin.

Le 2e bataillon recevait le même avertissement pour évacuer Méréglise, en suivant les troupes d'Illiers.

Un autre officier voulut bien aller jusqu'à Combres pour demander au commandant de Clinchamp de résister le plus longtemps possible et de garder la route de Combres à Chassant jusqu'à notre passage ; il était parti sur Thiron.

Le 21 à deux heures et demie du matin, la colonne se mit en mouvement par une nuit sombre, les rangs serrés, et en silence : des compagnies de flanqueurs nous éclairaient à droite, et une forte arrière-garde nous suivait de près.

A huit heures, nous arrivâmes à Thiron, sans avoir rencontré un seul cavalier ennemi.

Aussitôt le bataillon de la Manche, ayant l'ordre de faire la soupe, s'il était possible, se porta en grand'garde sur la route de Champrond ; le 2e bataillon de l'Orne prit le même service sur la route de Montigny, pendant que nous allions nous procurer du pain et de la viande *(les mobiles avaient un franc par jour et se fournissaient leurs vivres)*. Le 3e bataillon de l'Orne fut envoyé à Frétigny par Saint-Denis-d'Authon, afin de voir si nous y pourrions passer.

Les francs-tireurs, les bagages et l'artillerie se placèrent en arrière, sur la hauteur de Thiron et le bataillon de la Loire-Inférieure resta dans le bourg. Il faut avouer que si les Prussiens avaient bien combiné leur attaque, ils avaient très-mal exécuté leur mouvement, puisque Champrond est à six kilomètres de Thiron, et Combres à quatre kilomètres de la route d'Illiers à Thiron. Si le 20, l'ennemi avait marché 2 heures de plus, il nous eût pris facilement à Chassant.

Le 21, à neuf heures et demie, le lieutenant-colonel des Moutis recevait du colonel Rousseau la dépêche suivante : (n° 15.)

Condé (sans date).

Lieutenant-colonel des Moutis à Montigny, venez occuper positions Thiron avec toutes vos troupes.

Prévenez Clinchamp d'occuper Frétigny. Tenez ligne d'Authon jusqu'à la croisée des chemins par la Cartraix en passant par Thiron.

Signé : ROUSSEAU.

Ce mouvement était fait avec huit heures d'avance sur la dépêche.

Le commandant de Clinchamp avait évacué Thiron et était à Authon.

Des habitants arrivaient de tous les côtés pour nous avertir de la marche de l'ennemi. Le maire de Montigny nous fit prévenir que les troupes qui, de Combres devaient nous attaquer à revers et nous couper à Chassant, se portaient en grand nombre sur la route de la Croix-du-Perche et de Luigny.

Nous pouvions alors être coupés encore par *Beaumont-les-Autels,* si nous étions forcés de quitter Thiron.

En effet le canon grondait sans relâche et avançait de la Loupe sur la Fourche et Bretoncelles, puis dans la direction de Nogent-le-Rotrou, que les Prussiens, d'après leur marche rapide, semblaient vouloir occuper très-promptement. Dès lors, nous ne pouvions songer à nous retirer sur Nogent.

Le commandant Boudonnet revenait en toute hâte de Saint-Denis-d'Authon, annonçant avoir vu des troupes ennemies très-nombreuses descendre sur Bretoncelles par Frétigny et d'autres marcher directement sur Nogent-le-Rotrou.

Le combat de ce côté semblait nous être si peu favorable et l'artillerie Prussienne avançait tellement vite sur Nogent, que le lieutenant-colonel des Moutis prit ses mesures pour conserver une ligne de retraite en gagnant Authon ; il envoya l'ordre aux bataillons de grand'garde de se replier à midi sonnant.

L'artillerie se mit en batterie.

A 11 heures et demie, quelques uhlans se présentaient sur la route de Champrond devant les mobiles de la Manche. Le lieutenant-colonel s'y rendit et après avoir donné des conseils et renouvelé l'ordre de retraite, il se transporta sur la route de Montigny où des cavaliers prussiens précédant une autre colonne venant sur nous par Chassant, se montraient devant le 2e bataillon de l'Orne.

CHAPITRE HUITIÈME

Combat de Thiron-Gardais

21 novembre 1870.

Ces deux bataillons armés de chassepots, étaient en cas d'attaque une véritable force sur laquelle on pouvait compter.

A midi juste, le lieutenant-colonel entendit les premiers coups de feu sur la route de Champrond.

Un paysan vint à ce moment avertir le capitaine de Failly (de la Manche) que 40 Prussiens étaient dans une ferme, à 300 mètres de son poste; ce jeune officier, brave et plein d'ardeur, partit avec sa compagnie dont il mit la moitié en tirailleurs; il se trouva bientôt reçu par un feu violent : plus de 400 Bavarois sortaient de la ferme pour entourer les mobiles. Le capitaine de Failly se voyant trahi garda tout son sang-froid, rallia ses tirailleurs et commanda plusieurs feux de peloton qui abattirent la moitié des Allemands.

Cette compagnie de mobiles, composée de chasseurs de la forêt de Bourberouge, perdit 60 hommes et se retira sur son bataillon, en combattant vaillamment.

Le feu commença alors sur toute la ligne et l'artillerie ennemie se mit en position.

Nos bagages étaient partis pour Authon avec une escorte.

Nos pièces de 12, servies par des mobiles de Rennes, firent des prodiges. Un canon prussien fut démonté, un autre eut ses servants tués.

Le lieutenant-colonel voyant, des hauteurs de Thiron où il s'était placé, les deux bataillons combattre avec ardeur, les compagnies se retirer par échelons et en bon ordre, comprit que le mouvement ordonné s'exécutait ponctuellement ; il fit avancer à mi-côte la mitrailleuse dirigée par le lieutenant Baudry, de manière à arrêter l'infanterie prussienne qui s'avançait en masses serrées ; il y réussit et lui fit perdre beaucoup de monde.

La direction une fois comprise et la vallée franchie par nos braves soldats, l'artillerie se mit en marche sur la route d'Authon. Les deux chefs de bataillon, ainsi que leurs troupes avaient un sang-froid si merveilleux et manœuvraient avec tant d'ensemble, que le lieutenant-colonel se porta à la tête de colonne, pour assurer le passage à Beaumont-les-Autels, après avoir toutefois fait prévenir les deux commandants de continuer lentement leur marche sur Authon.

Trois gendarmes venus en reconnaissance de cette ville à Beaumont, nous assurant n'avoir rien vu dans les environs, les troupes passèrent ce village, après avoir fait une petite halte.

Nous arrivâmes enfin à Authon, de 6 à 7 heures du soir. Le bataillon de la Manche avait réussi à se débarrasser des

Prussiens, mais le 2e de l'Orne en trouvait partout, et sans le dévouement et la bravoure du capitaine Le Tessier, la 7e compagnie eût été enlevée certainement.

L'ennemi, très-hardi, cherchait à isoler cette compagnie, en poussant vigoureusement celle du capitaine Le Tessier. Pendant un moment, le feu des Prussiens fut tellement meurtrier que les mobiles eurent un instant d'hésitation : alors cet officier qui était à cheval se précipita en avant, en criant : *A moi la 4e compagnie !*

Tous les mobiles entraînés par cet élan chevaleresque de leur chef, repoussèrent les Allemands et dégagèrent la 7e compagnie : ces 200 hommes combattirent jusqu'à 3 kilomètres d'Authon.

Un ordre du jour prussien trouvé sur un officier fait prisonnier (*voir à l'appendice*) indiquait ainsi leurs mouvements du 21 novembre :

Le 1er corps d'armée bavarois marchera en deux colonnes, l'une sur Champrond, Montlandon, la Helière, etc., l'autre par Combres, sur Thiron-Gardais et enverra son avant-garde sur Nogent-le-Rotrou.

La 6e division de cavalerie marchera par Happonvilliers et Chassant, au-delà de la Croix-du-Perche, et occupera la route de Nogent à Brou.

Si la retraite n'avait pas été ordonnée pour midi, nous aurions donc eu à combattre la moitié du 1er corps d'armée bavarois, avec quatre bataillons seulement, et, dans le cas inévitable d'une défaite, nous eussions été certainement coupés à Beaumont-les-Autels par la 6e division de cavalerie.

Nous avions perdu une centaine d'hommes de la Manche et de l'Orne, mais nous étions à peu près sauvés, si nous pouvions gagner Montmirail et puis le Theil ou la Ferté-Bernard, ce qui semblait être la seule route à suivre, puisque le lieutenant-colonel des Moutis venait d'apprendre, par un officier envoyé à Nogent-le-Rotrou, que le pain qu'il était chargé de nous faire parvenir à Thiron, venait de lui être pris par les Prussiens à 5 kilomètres de Nogent.

En conséquence, toutes les troupes reçurent l'ordre de se réunir à 10 heures du soir sur la route de Montmirail.

Le commandant de Grainville, les capitaines de Failly et de Rougé, des mobiles de la Manche, le capitaine Le Tessier, le capitaine Mazier et le lieutenant de Foulques, de l'Orne, qui avaient sauvé la colonne et déployé une grande bravoure, furent cités comme s'étant distingués dans cette journée.

Nos maux n'étaient cependant pas finis ; car nous devions bientôt faire, sans repos, une course folle que peu de troupes peuvent fournir en temps de guerre.

Beaucoup de personnes annonçaient à Authon que le colonel Rousseau avait été repoussé de la Loupe et de Bretoncelles *(cela ne pouvait arriver autrement)*, et que Nogent-le-Rotrou était occupé par les Prussiens.

Cependant, à neuf heures et demie, un gendarme arrivant au grand galop, apportait au lieutenant-colonel des Moutis une lettre autographe du colonel Rousseau.

Nogent, huit heures du soir.

Mon cher Colonel,

Nous avons été repoussés par des forces considérables ; si vous avez eu le bonheur de pouvoir gagner Authon, ne perdez pas une minute et venez à Nogent. Montmirail doit être occupé par les Prussiens. Soyez prudent et gardez-vous bien. Je compte sur vous.

Signé : ROUSSEAU.

Nous étions donc forcés de faire encore 22 kilomètres, et nous devions craindre à chaque instant une attaque de l'ennemi sur notre flanc droit.

Les officiers étant avertis du changement de direction, le lieutenant-colonel fit appel à leur courage, à leur dévouement; et, pour prévenir un moment d'hésitation qui semblait devoir se produire dans le bataillon de la Manche, il leur rappela que le premier devoir du soldat était l'obéissance. Il donna des instructions pour la marche périlleuse qu'on allait entreprendre, recommanda d'exiger le silence le plus complet et surtout d'empêcher de fumer.

Cinq gendarmes partirent en avant-garde sur la route de Nogent, avec la mission de venir le plus promptement possible prévenir le lieutenant-colonel, s'ils apercevaient des Prussiens sur la route.

Les francs-tireurs de la Dordogne, dont le chef était vigoureux, prirent la tête derrière laquelle marcha le lieutenant-colonel des Moutis; venaient après : le bataillon de la Manche, puis le bataillon de la Loire-inférieure, ensuite les bagages et l'artillerie gardés sur leur droite par les deux compagnies des Bouches-du-Rhône ; derrière, le 3e bataillon de l'Orne, et enfin, comme bonne arrière-garde, le 2e bataillon de l'Orne.

A dix heures du soir, mettre en rangs, à leurs places, tous ces pauvres hommes fatigués et émotionnés, n'était pas chose facile, surtout si l'on songe que le chef n'avait ni officier d'ordonnance, ni cavalier avec lui.

A onze heures, nous partions, marchant très-lentement pour ne pas faire de halte. La nuit était tranquille et la température assez douce. Tout allait bien.

A 10 kilomètres d'Authon, un tambour battant dans le lointain nous fit craindre une surprise.

Nous nous arrêtâmes un instant pour écouter; nous aperçûmes alors un incendie dans un village peu éloigné, puis, à droite, des feux de signaux. On se remit en route ; mais à 2 kilomètres de Souancé, un individu arrivant en voiture, nous avertit *qu'ils étaient* 1,500 dans ce bourg ! Qui ? impossible de le savoir : cet homme avait perdu la tête.

Comme nos gendarmes pouvaient avoir été enlevés, l'avant-garde reçut l'ordre de hâter le pas et de reconnaître Souancé , elle apprit que c'étaient les mobiles du commandant de Clinchamp qui venaient de partir pour Nogent-le-Rotrou.

Nous y arrivâmes nous-mêmes, le 22 novembre, à cinq heures et demie du matin.

Le chef d'état-major nous ordonna de nous rendre à Bellême (24 kilomètres), après avoir pris un peu de pain à la mairie.

Il était temps, car les Prussiens entraient à six heures à Nogent.

Le général Jaurès, accompagné d'un bataillon de zouaves pontificaux, venait d'arriver par le chemin de fer. Cette belle troupe prit position en dehors de la ville et soutint un petit combat qui nous empêcha d'être poursuivis par l'ennemi.

Cette malheureuse colonne avait fait pendant la nuit cinq lieues et demie sans s'arrêter ; nous avions marché très-lentement, afin d'éviter une halte qui nous eût fait perdre beaucoup de monde, et aussi pour laisser aux pauvres mobiles la possibilité de se traîner encore vers notre destination.

Mais à partir de Nogent, on doit comprendre que des troupes vaincues par la privation de nourriture et de sommeil, par une fatigue dépassant la limite des forces humaines, ne purent suivre qu'avec une peine extrême la marche dirigée sur Bellême.

Nous avions heureusement ramené notre artillerie et sauvé nos bagages. Ceux du 2e bataillon de l'Orne restés sans chevaux à Thiron furent ramenés aussi, grâce à l'énergie de l'officier payeur, M. Sanson, au dévouement du caporal Ernult et du garde mobile Chollet, qui réussirent à tout enlever, malgré les balles ennemies. Comme complément à nos misères, la pluie tombait à torrents lorsque nous arrivâmes à Bellême, le 22 novembre, à une heure de l'après-midi ; et, quelques heures plus tard, au moment où les bataillons allaient occuper les positions indiquées en dehors de cette ville, nous reçûmes du général Jaurès, qui venait de prendre le commandement de l'armée de l'Ouest, l'ordre de nous porter à cinq heures du soir sur Mamers, afin d'éviter, avec les Prussiens qui arrivaient à marche forcée de Longny, un combat que l'état des troupes et la situation topographique de Bellême ne pouvaient nous permettre de soutenir, sans être exposés à une déroute.

De nouvelles épreuves nous attendaient encore à Mamers, où la colonne arrivait le 23, vers deux heures du matin, après avoir fait 24 kilomètres.

Les clairons sonnèrent le réveil à cinq heures, et toute l'armée de l'Ouest dut se diriger immédiatement sur la Hutte, ayant à franchir encore 30 kilomètres.

Dans la journée, le chemin de fer transporta une moitié de cette armée, de la Hutte au Mans; d'autres eurent le courage d'y aller à pied; la plus grande partie de ces malheureux n'ayant rien mangé depuis trois jours, arrivèrent mourants et épuisés, après avoir fait 160 kilomètres en quatre-vingts heures ! ! !

CHAPITRE NEUVIÈME

OPÉRATIONS DU 1er BATAILLON

du 1er octobre au 23 novembre 1870.

La Fourche.

Le premier bataillon des mobiles de l'Orne quittait Alençon au commencement du mois d'octobre pour occuper la portion de la ligne de défense du département de l'Orne qui lui était assignée en avant de Tourouvre, de l'hôtel Véron (forêt de Réno) à Randonnai, au nord de la forêt du Perche.

Le 11, les dispositions étaient modifiées; ce bataillon recevait l'ordre de se rendre par le chemin de fer à Évreux, où il devait se trouver sous le commandement du colonel Cassagne, et concourir à la défense de l'Eure.

Après plusieurs jours de marche, d'Évreux à Saint-André, Ivry-la-Bataille, Pacy-sur-Eure, il arriva le 19 à Vernon.

Le 20, il recevait une nouvelle destination et l'ordre de se transporter le plus rapidement possible à Nogent-le-Rotrou, de se placer sous les ordres du colonel Rousseau qui l'envoya de suite en observation sur la route de Chartres et le cantonna à Friaize, en avant de la forêt de Champrond.

Du 26 octobre au 17 novembre, en dehors des grand'gardes que la proximité de l'ennemi rendait très-sérieuses, le bataillon put achever son instruction et, par des marches et des reconnaissances journalières, se familiariser avec le service en campagne.

Ces reconnaissances firent quelques coups de main heureux autour de Courville. Le commandant de Montaigu, avait formé un petit peloton d'éclaireurs, choisis parmi les hommes de bonne volonté, actifs et entreprenants, commandés par l'adjudant Mallet de Vandègre, ancien sous-officier de l'armée, auquel il laissait liberté absolue de ses mouvements. L'adjudant fut mis à l'ordre du jour par le colonel Rousseau, pour le succès avec lequel il dirigea ces expéditions. Les éclaireurs tuèrent huit cavaliers ennemis, en blessèrent onze et prirent deux chevaux.

Le 18 novembre, le 4e bataillon qui occupait Pontgouin à la gauche du premier, eut sa grand'garde attaquée à Landelles. Quelques cavaliers s'étaient aussi présentés devant les lignes de Friaize; le commandant de Montaigu se porta en avant dans la direction de Courville et se plaça en observation devant Chuisnes; il était séparé du 4e bataillon de l'Orne par la voie du chemin de fer. Quelques obus lancés sur nos tirailleurs ne leur firent aucun mal, et ce bataillon rentra à la nuit dans Friaize, sans avoir été attaqué.

Le mouvement des Prussiens avait pour but de connaître nos positions et de préparer leur marche sur le Perche. Dans la nuit du 19 au 20 novembre, le colonel Rousseau envoyait au commandant de Montaigu, l'ordre de se replier sur Montireau, en arrière de la forêt de Champrond et mettait sous ses ordres les troupes réunies aux environs : 4e bataillon du Calvados, 5e de la Sarthe, francs-tireurs de la Sarthe et deux bataillons de la Manche.

Ces deux derniers bataillons attaqués le 20 aux corvées, furent obligés de se replier dans une autre direction.

Avec ces troupes, le commandant du 1er bataillon de l'Orne, devait défendre la route de Nogent-le-Rotrou, en reculant s'il était nécessaire jusqu'à la forte position de la Fourche, point de rencontre des deux routes de Chartres par Champrond et la Loupe, où des travaux de défense avaient été préparés.

Le 20 au soir, les reconnaissances et les renseignements donnés par les gens du pays, indiquaient l'ennemi en forces imposantes à la Loupe et sur la route de Champrond, à notre gauche, dans la forêt à droite, au Thieulin.

Se sentant trop menacé par suite de la dissémination de ses bataillons, le commandant de Montaigu fit marcher les troupes du Calvados et de la Sarthe, de Champrond et de Montlandon sur la Fourche ; le 1er bataillon de l'Orne suivit ce mouvement à une heure du matin.

Les renseignements de la veille étaient exacts : l'ennemi marchait franchement en avant ; il arrivait à la pointe du jour à Montireau, tuait et faisait prisonniers quelques hommes de la 6e compagnie qui s'étaient logés sans ordres dans une ferme écartée, et qu'on n'avait pu retrouver au moment du départ.

Le poste de la Fourche était occupé par un bataillon de chasseurs à pied, placé sous les ordres du commandant de la Ferronnays (4e bataillon de l'Orne).

Le 21 au matin, le commandant de Montaigu était à la Fourche avec trois bataillons seulement. Il y trouva une section de deux pièces de 12, et une autre de deux obusiers de montagne. Il prit alors les dispositions suivantes :

Le 4e bataillon du Calvados (commandant de Petiville) fut placé à la droite de la route de Chartres, s'étendant sur trois lignes de tirailleurs jusqu'à la vallée d'Ozée; la 1re compagnie du 1er bataillon de l'Orne fut chargée de défendre la barricade de la route de Champrond ; la 2e celle de la route de la Loupe. Les autres compagnies s'étendaient à gauche sur trois lignes de tirailleurs; la 7e envoyait une demi-section au loin et encore plus à gauche, pour surveiller Condé.

Le 5e bataillon de la Sarthe (commandant Safflet) moitié en réserve derrière les maisons de la Fourche, l'autre moitié avec les francs-tireurs, dans les bois de Morissure, pour observer la vallée d'Ozée et le pont de la Poterie; les pièces de 12 en avant des barricades, seul champ de tir possible ; les obusiers de montagne dans les bois à droite, au-dessus de la pépinière.

A onze heures, quelques cavaliers ennemis parurent sur la butte de la Papotière, en face de la Fourche. Quelques instants après, une batterie prussienne de douze pièces y prenait position, pendant qu'une colonne d'infanterie, descendant la route de Champrond, débouchait au tournant de la Hurie. Accueillie par le feu de notre artillerie, cette colonne recula et fit place à une seconde batterie de six canons qui s'établit au tournant de la route, prenant ainsi nos barricades en écharpe. Nos pièces ne pouvant répondre à la batterie de la Papotière, hors de notre portée, dirigèrent exclusivement leur feu sur la Hurie. Les troupes ennemies qui occupaient la ferme durent l'évacuer devant l'incendie allumé par nos obus.

Notre artillerie, dominée par la Papotière et trop à découvert (on n'avait pas eu le temps de construire des épaulements), écrasée de plus par la supériorité numérique, répondit jusqu'à deux heures au feu des Allemands dont la précision augmentait à chaque instant. A ce moment, une pièce de 12 avait sa hausse brisée, un obusier était démonté en même temps ; plusieurs servants étaient blessés, les conducteurs ne pouvaient maintenir leurs attelages ; le lieutenant Marçay, dont le sang-froid et l'énergie ne s'étaient pas démentis un instant vint déclarer au commandant de Montaigu qu'il fallait retirer l'artillerie, sous peine de la compromettre sans avantage.

La retraite de nos canons causa un moment d'alarme aux compagnies qui étaient dans le voisinage ; mais vigoureusement ramenées par leurs officiers, elles avaient repris leurs positions, lorsque l'ennemi voyant notre feu éteint, lança en avant une forte ligne de tirailleurs. Le bataillon du Calvados et le 1er de l'Orne soutinrent l'attaque avec une grande résistance, et, pendant plus de deux heures, la fusillade fut des plus vives. Cependant l'ennemi très-nombreux, déployait encore de nouveaux tirailleurs qui avançaient toujours. Il était à craindre aussi qu'il ne cherchât à nous tourner par la vallée de l'Huisne, que le départ des troupes de Bretoncelles avait rendue libre. Ces troupes étaient passées vers quatre heures à Condé, se repliant sur Nogent. Leur retraite était assurée, il y avait donc lieu de songer à la nôtre. Du reste, beaucoup d'hommes embusqués dans les bois, échappant à la surveillance de leurs officiers, avaient abandonné leurs postes. Il eût été dangereux de laisser l'ennemi arriver sur une ligne aussi désorganisée.

Le commandant de Montaigu donna à quatre heures et demie l'ordre de se porter sur Nogent, en laissant deux compagnies de son bataillon (6e et 7e) pour couvrir la retraite à mille mètres en arrière.

Au moment où les compagnies commençaient leur mouvement, l'ennemi arrivait à la Fourche et débouchait de tous côtés sur le plateau; mais il était lui-même en désordre, et le temps qu'il employa à se reformer permit à nos troupes de se mettre hors de portée ; une petite colonne nous suivit pendant quelques kilomètres seulement, sans pouvoir ou sans oser se rapprocher.

Leur artillerie ne put pas non plus monter à la Fourche assez rapidement pour inquiéter notre retraite.

Dans ce combat, le premier sérieux que nous ayons eu à soutenir, les hommes ont fait preuve d'une grande solidité sous une canonnade incessante de dix-huit pièces convergeant sur le même point.

La 1re compagnie de l'Orne s'est surtout distinguée, et a tenu aux barricades jusqu'au dernier moment.

Le lieutenant Vallée qui la commandait dirigeait et rectifiait le tir de ses hommes avec le plus grand sang-froid, quand il fut blessé d'un éclat d'obus à la cuisse droite.

Nos pertes ont été de : 1 capitaine tué (M. Lefebvre), 3 officiers blessés ou contusionnés (commandant de Montaigu, lieutenant Vallée, sous-lieutenant Chaplain); en sous-officiers et soldats : 20 tués, 52 blessés.

L'ordre de marche des troupes allemandes trouvé par hasard à Bretoncelles *(appendice)* et remis au colonel Rousseau indiquait que la Fourche devait être attaquée par la moitié du 1er corps bavarois.

M. Libert, médecin du bataillon, n'ayant pas voulu abandonner les blessés qu'il avait été impossible d'enlever totalement, fut retenu pendant trois jours prisonnier des Prussiens ; il put alors savoir que sur 18,000 hommes, l'ennemi en avait engagé 12,000 contre nous. Les deux bataillons de l'Orne et du Calvados, qui seuls ont donné, avaient donc tenu pendant quatre heures et demie contre des forces six fois supérieures, aidées de dix-huit pièces de canon. Les pertes des Allemands ont dû être assez considérables, car nous avions l'avantage que donnent un tir plongeant et d'excellentes positions.

On ne peut passer sous silence un fait odieux affirmé par M. le docteur Libert. Deux hommes du 4e bataillon du Calvados, placés à l'extrême droite pendant le combat, n'avaient pu se replier avec leur compagnie et, sur le point d'être pris, s'étaient réfugiés dans l'ambulance. Un officier bavarois en trouvant un parmi les blessés, le fit sortir et fusiller à la porte. L'autre ne fut sauvé que par le sang-froid du docteur Libert, qui, feignant de le panser, lui fit à la main une profonde incision.

A Nogent-le-Rotrou, les différents bataillons rentrèrent sous les ordres directs du colonel Rousseau, et de là se retirèrent sur Bellême, où le 1er bataillon de l'Orne arriva le 22 dans la matinée. Il fut envoyé de suite à Saint-Ouen-de-la-Cour, en avant de la forêt de Bellême, ayant à côté de lui, à la Brosse, le 5e bataillon de la Sarthe.

Cependant l'ennemi continuait sa poursuite. Une colonne venant de la Madeleine-Bouvet et de Rémalard était signalée à Mauves et au Buisson. Avant la fin du jour, elle enlevait la barricade établie près des Favernes, entre le Buisson et Bellême, à hauteur de nos avant-postes. Les hommes étaient surpris de cette poursuite, très-fatigués de deux marches de nuit et d'un jour de combat; le commandant de Montaigu sentant qu'ils ne pourraient tenir devant une nouvelle attaque, envoya demander des ordres au colonel Rousseau.

Mais Bellême était déjà entouré. M. Geslain, adjudant-major, tomba dans un poste prussien et put à grand'peine s'échapper en se jetant dans la forêt. Ne recevant pas d'ordres et inquiet des nombreux coups de fusil qu'il entendait à chaque instant, le commandant de Montaigu se décida à gagner Mamers à travers la forêt, par la grande ligne de Saint-Ouen-de-la-Cour à la Perrière. Il y trouva tous les autres bataillons qui avaient évacué Bellême, sans qu'il en eût été averti.

Le 23, avant le jour, les troupes quittaient Mamers et arrivaient sans être inquiétées à la Hutte, d'où le chemin de fer les transporta au Mans.

Le 1er bataillon avait donc fait 32 lieues en trois jours et soutenu courageusement la lutte du 21 novembre. *(Rapport du commandant de Montaigu).*

CHAPITRE DIXIÈME

MOUVEMENTS DU 4e BATAILLON DE L'ORNE

Novembre 1870.

Le 4e bataillon de l'Orne avait été porté en avant de la Loupe dans les premiers jours de novembre et le 7, il soutenait un brillant combat à Landelles, en avant des positions qu'il occupait à Pontgouin, contre une forte reconnaissance prussienne accompagnée de cavalerie et de deux batteries d'artillerie.

Plusieurs fois encore, avant et après Landelles, par des reconnaissances offensives, faites dans la plaine, des fractions de ce bataillon avaient rencontré l'ennemi au delà de Courville et l'avaient combattu avantageusement.

Le 19 novembre, le 4e bataillon de l'Orne était cantonné à Pontgouin *(Eure-et-Loir)*; son quartier général au château de la Rivière, un peu en arrière et près de la gare du chemin de fer qui était occupée par une de ses compagnies; ses avant-postes étaient placés en avant de Pontgouin.

A gauche se trouvait le 8e bataillon de chasseurs à pied *(de marche)* cantonné dans les bois et dans les fermes de Vaux, s'étendant jusqu'à la forêt de Senonches.

La partie sud de cette forêt était gardée par les francs-tireurs de l'Hérault qui, primitivement placés à Digny, s'étaient retirés sur Bellême et Fontaine-Aubert.

A droite du 4e bataillon, un bataillon de mobiles du Finistère et un du Morbihan, gardaient toute la forêt de Champrond et plus loin, le 1er bataillon de l'Orne à Friaize défendait la route de Courville à Nogent-le-Rotrou; ce point était très-difficile et très-périlleux à protéger. Toutes les troupes avaient été placées sous le commandement du chef de bataillon de la Ferronnays, dont la gauche s'appuyait sur le colonel Marty, cantonné à Chateauneuf et à Digny.

Les 16, 17 et 18 novembre, après des combats désastreux, celui-ci était repoussé jusqu'à Senonches où il ne s'arrêtait même pas, malgré les défilés de la forêt de ce nom et ceux non moins inextricables de la forêt de Longny. Le colonel Marty dépassait Longny et un avis officieux apprenait au commandant de la Ferronnays que la tête de cette colonne avait été vue le 19 à Mortagne.

Par ces faits, la ligne de défense précédemment indiquée devenait dangereuse, car l'ennemi pouvait la tourner en quelques heures, par les routes venant de Senonches à la Loupe et à Fontaine-Simon, en arrière de Bellomer.

Le commandant de la Ferronnays fut alors contraint d'ordonner un mouvement en arrière, afin d'obtenir une meilleure concentration et aussi de faire face à l'attaque ennemie qui allait se présenter toute entière sur son aile gauche. D'après les rapports des reconnaissances, les forces prussiens se composaient de l'armée de Mecklembourg, c'est-à-dire : quatre divisions d'infanterie, quatre régiments de cavalerie et toute l'artillerie signalée à Chartres, à Nogent-le-Roi et à Houdan.

Le 19 novembre, deux compagnies dirigées par le capitaine de Boynes, furent envoyées à Bellomer ; le bataillon de chasseurs à pied se concentra sur Vaux, le 4e bataillon de l'Orne fut rappelé des hauteurs qui commandent Pontgouin et placé en arrière de ce poste, sur les collines opposées à la gare et aux Fouvilles.

Le bataillon du Finistère se porta dans la forêt de Montéco, de manière à marcher sur Fontaine-Simon ou la Madeleine-Bouvet. Le 1er bataillon de l'Orne devait retrograder jusqu'à Champrond, si la Loupe était perdue.

De cette façon, le commandant de la Ferronnays espérait avec sa gauche, faire face à l'ennemi venant du nord et avec la droite de sa ligne, l'attaquer sur son flanc gauche.

A 8 heures du matin, le commandant des francs-tireurs de l'Hérault prévenait que les Prussiens se présentaient en forces devant lui, et quittait Bellomer, emmenant par *ordre formel*, sur la Loupe, les deux compagnies du capitaine de Boynes, puis il disparut ! Notre aile gauche était de nouveau à découvert ; les Prussiens passaient au-dessus de Pontgouin et semblaient se diriger sur Fontaine-Aubert et Bellomer, qu'ils avaient évacués ; la ligne allait donc être tournée par Senonches et Bellomer, il fallut encore reculer.

Le bataillon du Finistère partit pour Fontaine-Simon, avec l'ordre de renvoyer à Bellomer les deux compagnies du capitaine de Boynes, s'il les rencontrait; il était absolument nécessaire de donner le temps à toutes les troupes de passer la Loupe et de s'établir à la Fourche et à Bretoncelles.

Le colonel Rousseau et le commandant de Montaigu furent instruits de ces nouvelles, de leurs conséquences et des mouvements de l'ennemi.

Le 4e bataillon de l'Orne fut mis en retraite par échelons au moment où déjà les coureurs de cavalerie se jetaient sur nos traces pour observer les mouvements; à 2 heures la colonne fut arrêtée à la Couronne, point intermédiaire entre Pontgouin et la Loupe.

Le commandant de la Ferronnays, fit alors terminer les barricades de la forêt de Montéco et couper la voie; il se relia fortement au bataillon de chasseurs à pied occupant Vaux et prit, de concert avec M. Bertrand, chef de ce bataillon, toutes les dispositions nécessaires pour le combat.

On espérait encore que le colonel Marty, avait pu rallier ses troupes à Longny pour soutenir notre gauche, mais en arrivant à la Loupe où le commandant de la Ferronnays s'était porté, cet officier apprit de source certaine que le colonel Marty était en pleine retraite sur Mortagne, et avait même dépassé Longny.

Le colonel Rousseau ordonna de faire placer les troupes à la Fourche, Bretoncelles et la Madeleine-Bouvet, pendant qu'il irait d'abord à Champrond pour ramener d'autres bataillons, puis du côté de Mortagne, afin de voir s'il était possible de reporter en avant une partie de la colonne Marty.

Le 20 novembre à deux heures du matin, le bataillon

de chasseurs à pied était à la Fourche, le 4e bataillon de l'Orne à Bretoncelles et celui du Finistère à la Madeleine-Bouvet.

Tous les avant-postes et grand'gardes furent placés à 3 kilomètres en avant, sur la lisière extérieure du bois, faisant face à l'ennemi. Ceux du 4e bataillon de l'Orne à Courvoisiers, au-dessus de la grande tranchée du chemin de fer et aux barricades qui coupaient la route de la Loupe à Bretoncelles.

Cette journée fut relativement calme, mais l'ennemi venait nous reconnaître à petite distance; une nombreuse cavalerie parcourait la plaine de la Loupe, et cherchait les passages.

On compléta les approvisionnements de cartouches et la défense fut rendue aussi solide que possible, de manière à présenter aux Prussiens une résistance sérieuse.

A la tombée de la nuit, les reconnaissances allemandes devenant plus audacieuses, le commandant de la Ferronnays fit doubler les avant-postes.

CHAPITRE ONZIÈME

Combat de Bretoncelles

21 novembre 1870.

Le 21 novembre toute notre ligne fut attaquée vigoureusement dès la pointe du jour (six heures et quart du matin).

Malgré un feu énergique, les trois compagnies de Courvoisiers (4e bataillon), sous les ordres du capitaine Mauger, ne pouvaient arrêter longtemps la marche de la colonne prussienne qui descendait la gorge en suivant la voie ferrée; nos jeunes mobiles cependant, bien abrités derrière leurs barricades, et couchés dans les fossés, firent un feu nourri presque à bout portant. Mais cette fusillade si meurtrière pour l'ennemi, l'impressionnait peu, tant était profonde la colonne qui nous attaquait.

Malgré tout, le combat dura sur ce point jusqu'à neuf heures et demie; les Prussiens voyant sans doute leur attaque de front trop meurtrière pour eux, avaient dirigé leur arrière-garde à droite et à gauche pour nous envelopper. Tous nos petits postes placés sur les crêtes furent alors attaqués par des forces décuples et enfin repoussés; ils battirent alors en retraite dans la direction de Bretoncelles, point indiqué comme concentration en cas d'insuccès. La troupe de soutien, couverte par une ligne de tirailleurs, put revenir sur le bourg, grâce à l'énergie et au sang-froid du capitaine Mauger, qui dans cette circonstance, fit preuve de grandes qualités militaires, en dérobant ses soldats, alors qu'ils étaient presque enveloppés à droite et à gauche.

On entendait en ce moment, une attaque très-vive à la Madeleine-Bouvet, sur le bataillon du Finistère; il n'y avait plus de colonne Marty!

A huit heures du matin, le chemin de fer amenait à Bretoncelles, un magnifique bataillon d'infanterie de marine, commandé par M. Herbillon; plus quatre pièces d'artillerie de montagne sous les ordres du brave capitaine de Vauguyon. Ces troupes furent disposées dans le bourg dont les barricades venaient d'être achevées.

La moitié du 4e bataillon de l'Orne fut placée à gauche de Bretoncelles, de manière à défendre la vallée et la route de la Madeleine-Bouvet; l'autre moitié resta en réserve avec l'infanterie de marine dont plusieurs compagnies étaient déjà en tirailleurs pour couvrir la droite de la ligne facile à tourner.

A droite se trouvaient encore les francs-tireurs de l'Hérault, reliant le commandant de la Ferronnays avec le commandant de Montaigu, fortement établi à la Fourche avec plusieurs pièces de 12.

Vers dix heures et demie l'ennemi apparut sur toutes les crêtes faisant face à Bretoncelles; sa colonne était composée de troupes fraiches et armées de chassepots.

L'attaque commença sur le chemin de fer, à la barricade de

la gare défendue par une compagnie d'infanterie de marine, forte de 250 hommes et par deux obusiers de montagne.

Le combat devint général jusqu'à midi et demi; des canons de gros calibre appuyaient l'ennemi, dont la deuxième ligne faisant un à-droite, nous attaqua vigoureusument en doublant ses tirailleurs et ses réserves.

Six pièces de 12 prussiennes se plaçant à droite doublèrent les feux et commencèrent à bombarder aussi Bretoncelles et la gare.

A onze heures, le bataillon du Finistère avait été repoussé de la Madeleine-Bouvet sur Rémalard, par la route du Libéro; il fut suivi de près par une colonne ennemie qui descendait en forces considérables la vallée de Moutiers-au-Perche et cherchait à opérer un mouvement tournant à grande distance.

A deux heures et demie, les Prussiens sentant qu'il fallait brusquer l'attaque pour pouvoir se porter sur la Fourche, concentrèrent tous leurs efforts sur Bretoncelles, en l'enveloppant de feux de tirailleurs.

Nos pertes devenaient sensibles : l'infanterie de marine avait 4 officiers grièvement blessés et 220 hommes hors de combat; au 4e bataillon de l'Orne, 2 officiers blessés dont l'un si grièvement (M. Dufour de la Thuilerie), qu'il dut être laissé à Condé, 32 hommes tués, autant faits prisonniers. Un obusier de montagne était démonté et son affut de rechange cassé; les munitions commençaient à manquer pour répondre à quinze mille Prussiens attaquant de tous côtés des mobiles qui voyaient le feu terrible de l'artillerie pour la première fois.

Il fallait reculer.

Le cimetière de Bretoncelles fut occupé fortement, afin d'appuyer le commandant Bertrand des chasseurs à pied, dont trois compagnies déployées en tirailleurs sur toute la ligne devaient couvrir la retraite.

Le capitaine de Boynes fut chargé de défendre la barricade de la forêt de Saussais en couronnant la hauteur des Bruyères-de-Noyers, d'observer les mouvements de l'ennemi et de l'empêcher de nous tourner, s'il cherchait à nous gagner de vitesse sur la route de Bellême.

Pendant ce temps, les francs-tireurs de l'Hérault avaient abandonné le château du Tertre pour se porter à la barricade de la route de Bretoncelles à Condé ; ils découvraient encore notre droite et permettaient ainsi à l'ennemi de menacer le flanc gauche des défenses de la Fourche. Mais ils n'y restèrent qu'un instant et se retirèrent, sans ordres, par Verrières, Bellême et Mamers sur Bourg-le-Roi, prétendant qu'il n'y avait que ce point possible à défendre. On ne les revit plus.

Le commandant de la Ferronnays fit remplacer ces francs-tireurs par une compagnie de chasseurs à pied d'abord, puis par le 4e bataillon de l'Orne, dont la droite fut bientôt débordée, malgré les efforts de ses officiers joints à ceux du colonel Rousseau qui venait d'arriver à ce moment. Tous les chefs se montrèrent héroïques et ne purent cependant empêcher les Prussiens d'enlever tout ce qui se trouvait devant eux et de repousser nos malheureux mobiles jusque dans Condé.

Le bataillon d'infanterie de marine, dont les hommes n'avaient pas mangé depuis la veille au matin, à leur départ de Cherbourg, eut de la peine à se reformer pour se porter vers Nogent par la voie ferrée.

La retraite commença alors ; le sergent Vigneron suivait l'infanterie de marine et emmenait, à force de bras, une pièce de montagne abandonnée par les francs-tireurs de l'Hérault, à la barricade de Condé.

Le 4e bataillon de l'Orne et le détachement des chasseurs à pied partirent pour Bellême où ils arrivèrent à minuit, en passant par Nocé.

Le 22 novembre, le commandant de la Ferronnays reçut l'ordre d'occuper Bellavilliers, Saint-Jouin-de-Blavou et Pervenchères, afin de surveiller l'ennemi pouvant arriver de Mortagne ; mais le colonel Rousseau, en partant de Bellême pour Mamers, lui prescrivit de gagner des positions favorables dans la forêt de Perseigne.

Le bataillon des chasseurs à pied se dirigea vers Beaumont-sur-Sarthe, et le 4e de l'Orne sur Ancinnes, par Blèves et la Fresnaye, où il arriva le 23 octobre à cinq heures du matin.

Le lendemain, ce bataillon partit pour Bourg-le-Roi et Gesnes et arriva enfin au Mans, le 25 à sept heures du matin, après des fatigues inouïes et plusieurs combats sanglants.

Trois cents hommes manquaient à l'appel ; combien parmi eux de tués, blessés, perdus ou faits prisonniers? (*Rapport du commandant de la Ferronnays*.)

On se figurera aisément dans quel état d'épuisement et de souffrances les quatre bataillons de l'Orne arrivèrent au Mans.

Les habits étaient déchirés, les képis sans visières, les souliers complètement usés, les fusils à tabatière presque hors de service.

Les hommes étaient à bout de forces, après ces combats terribles dans lesquels chaque bataillon avait eu à lutter contre une division prussienne, après des marches excessives dans les bois, enfin après les émotions poignantes d'une troupe qui succombe sous les coups d'un ennemi vingt fois plus nombreux.

Le colonel Rousseau en quittant son commandement cita dans un ordre du jour (*la Sarthe*, journal du 25 novembre) la belle conduite des commandants de la Ferronnays et de Montaigu, et proposa le lieutenant-colonel des Moutis, pour le grade de général de brigade.

Le commandant Boudonnet, devenu très-souffrant, obtint un congé de convalescence; le capitaine Guyot (du 26e de ligne) fut alors nommé chef du 3e bataillon de l'Orne.

Le 26 novembre, le lieutenant-colonel des Moutis prit le commandement du 49e régiment de mobiles de l'Orne, et fut envoyé à Pontlieue pour y camper.

Tous les habitants du Mans virent défiler ces 4,700 hommes, grands, bien tournés, silencieux comme les soldats d'autrefois, la tête haute et le cœur plein de dévouement pour la patrie.

Un chef de corps peut éprouver un sentiment de fierté, lorsqu'il est appelé à un commandement aussi beau et lorsqu'il voit passer devant lui tant de têtes intelligentes, tant de braves, toute la jeunesse de son pays, enfin; mais c'est à la condition de comprendre sa responsabilité et de se promettre de donner à tous, ses forces et ses facultés, sa vie, si cela est nécessaire!

LIVRE SECOND

VINGT-ET-UNIÈME CORPS D'ARMÉE

2e DIVISION

HISTOIRE MILITAIRE

DU

49e RÉGIMENT DES MOBILES DE L'ORNE

ET DE

LA DEUXIÈME BRIGADE

CHAPITRE PREMIER

Formation du 21e Corps d'armée

Le général Jaurès, nommé au commandement du 21e corps d'armée, s'occupa immédiatement de grouper les troupes arrivées au Mans depuis quelques jours et de leur nommer des chefs.

Le colonel Rousseau, nommé général commandant la 1re division du 21e corps, fit donner au lieutenant-colonel des Moutis, le commandement de l'une de ses brigades.

Le régiment des mobiles de l'Orne ne faisant pas partie de la division Rousseau, le lieutenant-colonel refusa l'honneur qui lui était offert.

Le lendemain 26 novembre, le 49e mobiles était placé dans la 2e brigade de la 2e division.

Le lieutenant-colonel des Moutis, fut alors nommé commandant de cette brigade.

Le commandant de la Ferronnays, le plus ancien chef de bataillon, prit la direction du régiment de l'Orne.

CHAPITRE DEUXIÈME

Mobiles de l'Orne et 2e Brigade

Le 21e corps d'armée reçut l'ordre de partir le 27 novembre, et d'aller à marches forcées, prendre la gauche de l'armée de la Loire, en avant de Vendôme.

La deuxième brigade était composée des :

49e régiment, mobiles de l'Orne.....	4,700 hommes
41e de ligne *(capitaine Lévy)*.......	1,200
2 bataillons, mobilisés de la Sarthe..	2,400
2 bataillons, mobiles de l'Isère.....	2,600
TOTAL............	10,900 hommes

Il est facile de comprendre que deux ou trois jours de repos avaient été bien insuffisants à rendre aux mobiles de l'Orne, les forces nécessaires pour continuer une campagne si péniblement commencée; les distributions avaient été ordonnées; mais les souliers étaient trop petits, il n'y avait ni guêtres, ni pièces de rechange pour les fusils; pas de brosses, pas de boîtes à graisse. A peine avions-nous le nécessaire en effets de campement; nous avouons que notre cœur était navré de voir encore nos chers mobiles marcher au devant de l'ennemi, sans être en possession des choses les plus indispensables à la guerre.

Aussi, arrivés devant le Grand-Lucé, fûmes-nous obligés de renvoyer au Mans 300 hommes n'ayant que des sabots.

L'artillerie presque toute composée de pièces de 12, était traînée par des chevaux de réquisition avec harnais de poste, colliers de paille et traits en corde; il n'y avait ni bridons, ni reculements; des marins ou des mobiles conduisaient le tout à pied, parceque les chevaux d'attelage étaient sans selles; les sabots pour les roues des pièces de canon manquaient totalement; voilà une armée bien mal équipée pour courir à la victoire.

Nos cavaliers en pantalon de toile et en souliers, les uns avec des képis, les autres ayant des casques, quelques-uns le devant d'une cuirasse seulement, faisaient peine à voir, tous ces hommes se rendaient facilement compte du peu de sollicitude dont ils étaient l'objet de la part d'un gouvernement qui, tout en s'imposant à la nation, ne se tenait nullement à la hauteur de la responsabilité qu'il assumait chaque jour davantage.

Les fusils à tabatière de trois de nos bataillons, avaient leurs ressorts brisés, leurs tiges de tabatières faussées, rien ne fermait ni n'ouvrait.

Pendant la nuit du premier bivouac, les rondes trouvèrent quatre mots d'ordres différents. Des alertes et des détonations eurent lieu continuellement. C'était une vraie tour de Babel; mais le ministre de la guerre, M. Gambetta avait ordonné ce mouvement, il fallait obéir, et si promptement, que malgré les réclamations des généraux, nos pauvres troupes marchèrent onze jours de suite sans s'arrêter.

Nous traversâmes comme un ouragan ; le Grand-Lucé, Saint-Calais, Vendôme, Villetrun, Oucques, Marchenoir, pour arriver morts de fatigue et de misère, le 5 décembre à Saint-Laurent-des-Bois.

Nos gouvernants se figuraient alors que mille soldats font un bataillon et que plusieurs milliers d'hommes inconnus les uns aux autres, peuvent former un corps d'armée. Autant vaudrait dire que le faux et le vrai ne font qu'un. Cette pensée nous amenait souvent à nous demander, si ceux qui envoyaient ainsi 35,000 hommes à la mort, étaient des génies ou des bourreaux.

Comment avec des malheureux à peine vêtus, brisés de lassitude et mal armés, pouvions-nous espérer un succès que nos régiments du Rhin n'avaient pas obtenu?

La saison était rigoureuse et les nuits glaciales ; nous n'avions pas de capotes, pas de guêtres, peu de couvertures. Cependant le sept décembre, la 2e divison se mit en marche à 7 heures et demie du matin pour aller prendre position entre Poisly et Lorges, en avant de la forêt de Marchenoir.

Le canon grondait de tous côtés ; à la première inspection, ces plaines immenses ne semblaient offrir ni point défendable, ni abri ; les champs coupés par les gros sillons des guérets, étaient gelés et difficiles à franchir.

La 2e division fut placée en sens inverse ; la 1re brigade devant Poisly à gauche, la 2e brigade couvrant Lorges, gardant la route de Poisly à Jônes et se reliant à droite au 17e corps qui combattait depuis Prenay jusqu'à Ourcelles.

A midi les positions étaient étudiées et prises, les bivouacs désignés, les grand'gardes à leur place.

Il n'y eut pas d'attaque de ce côté.

CHAPITRE TROISIÈME

BATAILLE DE LORGES

8, 9 et 10 décembre 1870.

Combat du 8

Le 8 décembre, toutes les troupes étaient sous les armes ; des épaulements venaient d'être construits pour l'artillerie, lorsque nous aperçûmes, à huit heures et demie du matin, de fortes reconnaissances prussiennes descendre des hauteurs de Tour, de Villeneuve et de la Villette sur Villermain et sur la ferme de la Motte.

Des escadrons appuyés par de l'artillerie nous firent face ; le combat commença à neuf heures sur Poisly. La 1re brigade reçut le choc de l'infanterie allemande et, soutenue par la 3e division, elle résista vigoureusement en gardant ses positions.

Vers midi, l'ennemi établissant ses batteries à la Villette et faisant descendre son infanterie sur la ferme de la Motte et sur la route de Prenay, voulut forcer les lignes de la 2e brigade.

Le 1er et le 2e bataillons de l'Orne, placés en tirailleurs avec leurs troupes de soutien dissimulées derrière des maisons, firent bonne résistance; le 41e de ligne tenait la droite.

A midi, le commandant de la 2e brigade envoya deux compagnies du 4e bataillon, commandées par les capitaines de Boynes et Mauger, s'emparer de deux maisons situées sur la route, afin d'empêcher les Allemands d'y prendre position et de permettre au commandant de Maleyssie (1er bataillon d'Eure-et-Loir, 1re brigade) de porter tout son monde en avant de notre gauche et aussi de dégager une partie de son bataillon qui se trouvait trop près de l'ennemi. A ce moment, la ferme de la Martinière occupée par les Prussiens fut enlevée brillamment à la baïonnette par deux compagnies du 1er bataillon de l'Orne, ayant à leur tête le capitaine Rouleaux-Dugage. Cette ferme était si importante à garder, que toutes les cinq minutes on voyait un uhlan apporter des ordres au chef de ce poste.

Ce hardi coup de main ne nous coûta que trois tués et dix blessés et nous fit occuper un excellent poste. La forte compagnie allemande fut détruite, à l'exception d'un officier (saxon) et de huit hommes faits prisonniers.

La batterie de marine (capitaine Fournier) qui appuyait la 2e brigade avait un tir tellement juste et régulier que les Prussiens durent se retirer après avoir tenté une vigoureuse attaque sur la ferme de la Motte, vers laquelle le commandant de brigade des Moutis avait porté les 1er, 2e et 3e bataillons de l'Orne. Ces trois bataillons occupèrent le plateau et conservèrent énergiquement cette position (général Chanzy, page 124) malgré une charge de cavalerie que l'ennemi tenta pour nous séparer du 17e corps, placé à notre droite. Les pièces de 4 de la 2e brigade forcèrent ces escadrons à se replier rapidement.

Vers quatre heures, une violente canonnade précéda une nouvelle tentative des Allemands; les deux bataillons mobilisés de la Sarthe, soutenus par une demi-batterie de 12, s'avancèrent en bon ordre sous un feu écrasant, et aidèrent nos mobiles à repousser l'infanterie ennemie dont la retraite devint définitive.

A la mousqueterie succéda un violent combat d'artillerie qui dura jusqu'à six heures du soir.

Cette première bataille était une très-bonne journée pour la 2e brigade et pour les mobiles de l'Orne; chacun avait bien fait son devoir; les officiers en exécutant les ordres ponctuellement, avec entrain et intelligence, les soldats en montrant le sang-froid de vieilles troupes.

A la reprise des bivouacs de la veille, tous étaient fiers d'avoir résisté à l'ennemi et obtenu un succès inattendu. Les chefs complimentaient leur soldats, les aumôniers donnaient de bonnes paroles; l'espérance d'une victoire sur toute la ligne de bataille nous réconfortait et nous réjouissait. Il fallut hélas! se compter: la 2e brigade avait 40 soldats tués et 115 blessés.

Les francs-tireurs d'Argentan (Orne, commandant du Buisson) et cinq compagnies de francs-tireurs de Paris nous arrivèrent ce même soir, pour remplacer dans la 2e brigade les deux bataillons de mobiles de l'Isère qui nous avaient quittés à Vendôme.

Pendant toute la nuit, nous entendîmes rouler des pièces de

canon allemandes vers Cravant ; il gelait à 10 degrés et les routes étaient tellement sonores, que l'on aurait cru que ce bourdonnement continuel avait lieu dans notre camp.

Nous avions trouvé un peu de paille ; mais les hommes étaient tellement fatigués qu'ils ne dormirent pas ; beaucoup n'avaient même plus la force de faire la soupe, et cependant il fallait aller bien loin aux distributions de vivres et de cartouches.

CHAPITRE QUATRIÈME

Combat du 9 décembre

Le 9 décembre toutes les troupes étaient sous les armes à 7 heures du matin.

Le bataillon du 41e de ligne devait occuper la ferme de la Villette et ses environs ; le 4e bataillon de l'Orne la ferme des Boëches, le 1er bataillon était placé à droite, du côté de Prenay, les 2e et 3e bataillons restaient en seconde ligne et les mobilisés de la Sarthe en réserve.

Les combats de Patay et autres, ayant montré l'inconvénient d'engager les troupes trop massées et les nouvelles armes ne permettant plus guère à la cavalerie d'attaquer en fourrageurs, le commandant de la 2e brigade déploya alors trois lignes de tirailleurs en avant de la batterie de 4 du capitaine Fournier, faisant face à la ferme de la Motte, et une quatrième ligne très en arrière des pièces ; il donna l'ordre aux troupes de soutien, de se dissimuler autant que possible derrière les maisons. Une batterie de 4 fut aussi établie à notre droite, de manière à protéger la ferme de Villecoulon et la plaine du côté de Prenay.

Le général de division, ayant appris par les éclaireurs, *(francs-tireurs d'Argentan)* envoyés en reconnaissance à 3 heures du matin, que l'ennemi occupait fortement la position de Cravant, au château du Coudray, un bataillon d'infanterie de marine de la 1re brigade fut lancé sur Villermain où il s'établit avec deux pièces de 4.

Vers huit heures du matin, l'action s'engagea sur tout le front de la 2e brigade, en avant de la ferme de la Villette occupée par le capitaine Lévy du 41e ; il était soutenu à quelque distance par les francs-tireurs de Paris. Ces derniers ayant quitté la ligne sans ordres, les Prussiens s'emparèrent de la Villette et le capitaine Lévy, malgré son courage, dut céder devant le nombre.

Nous eussions pu reprendre cette ferme ; mais on croyait y avoir vu placer des mitrailleuses, et nous aurions alors perdu beaucoup de monde. Le commandant de la 2e brigade préféra faire avancer le 2e bataillon de l'Orne, pour soutenir le 41e de ligne en cas de besoin et attendre un moment plus favorable pour tenter l'attaque. Le capitaine d'artillerie Fournier reçut l'ordre de surveiller la Villette.

Les Prussiens n'ayant pas d'artillerie de ce côté, prirent l'offensive avec leur infanterie, la nôtre les contint facilement ; à onze heures le 2e bataillon de l'Orne, passant en première ligne, remplaça le 41e dont les cartouches étaient épuisées et les compagnies très-diminuées par un feu roulant de trois heures en rase campagne, devant la ferme de la Motte.

A ce moment, le 1er bataillon de l'Orne était lancé sur la ferme de Villecoulon, dont il s'empara. La fusillade était tellement écrasante, que les mobiles un peu surpris, hésitèrent un instant ; mais grâce à l'énergie du commandant de Montaigu, les mesures furent prises pour se maintenir dans cette position.

A midi, le comte de la Suze, officier d'ordonnance du général Colin, apporta au commandant de la 2e brigade, une dépêche télégraphique signée du ministre de la guerre, ordonnant à la 2e division *de tenir jusqu'au dernier homme.*

Nous apprenions plus tard que le 16e corps d'armée était bousculé, il fallait donc à tout prix maintenir l'ennemi et le menacer sur son flanc droit, afin de l'empêcher de tourner la droite de notre armée, de prendre Beaugency, où d'immenses provisions étaient entassées à la gare, enfin de marcher directement sur Tours où le gouvernement *dit* de la défense nationale, avait besoin de 24 heures pour enlever les archives, transporter à Bordeaux ses précieux ministres et aussi la multitude d'aides-de-camp attachés à leurs personnes.

La réserve du 21e corps d'armée venait d'arriver dans Lorges; le commandant de la 2e brigade fit soutenir le premier bataillon de l'Orne à Villecoulon, par les deux bataillons de mobilisés de la Sarthe.

Le général en chef était prévenu en même temps, que cette brigade n'avait plus ni réserves, ni cartouches, ni boulets.

A une heure après-midi, l'ennemi abandonna la 1re brigade pour concentrer sur nous toutes ses forces.

Le 2e bataillon de l'Orne se maintenait en avant de la ferme de la Motte.

A une heure et demie, les Prussiens mirent tout-à-coup en batterie sur la 2e brigade soixante pièces de canon qui tonnèrent à la fois.

/

Nos mobiles toujours en tirailleurs se rasèrent le plus possible dans les sillons, et se firent un petit abri, chacun poussant devant soi la terre avec les mains.

Le 2e bataillon de l'Orne reçut l'ordre d'avancer ses tirailleurs, à 800 mètres des batteries ennemies et de tuer les équipages prussiens.

Deux batteries furent ainsi réduites au silence.

Les autres lignes de tirailleurs suivirent aux distances indiquées, se couchant toujours après la marche.

Les projectiles allemands étaient tellement nombreux que le champ de bataille en était littéralement couvert et que le commandant de la 2e brigade fut obligé de placer les hommes de son escorte par un, à vingt pas l'un de l'autre et aussi de demander des secours en artillerie.

La batterie de marine avait perdu beaucoup de monde, elle pouvait à peine répondre à l'ennemi, parceque les obus distribués pendant la nuit, éclataient en l'air à mille mètres *(les mèches étaient trop courtes).*

Une section de 12 fut envoyée de la réserve pour soutenir le capitaine Fournier, mais l'officier n'ayant pas d'épaulements préparés, et s'étant placé trop près de la ferme des Boëches, dont le toit pointu servait de point de mire à l'ennemi, vit ses hommes et ses chevaux tués en un instant.

Le sous-lieutenant de Vauvineux, officier d'ordonnance du commandant de brigade des Moutis, quoique blessé au genou, par un éclat d'obus mit pied à terre, fit atteler les chevaux de l'escorte sur ces deux pièces, et les enleva de la plaine où elles étaient restées isolées.

Les cartouches n'arrivaient pas, bien que l'on en fît demander de tous côtés. Le commandant du 1er bataillon de l'Orne en manquait totalement.

Il en arriva enfin une voiture, au moment où de son côté le commandant du 2e bataillon de l'Orne, faisait également prévenir qu'il n'avait plus de munitions que pour une demiheure.

Le capitaine Lévy qui devait aller remplacer ce bataillon, se servit le premier et reconnut hélas que les cartouches chassepots trop fortes pour les fusils, ne pouvaient entrer qu'à moitié dans le canon, et empêchaient alors le tonnerre de revenir à sa place.

Il en était de même pour les cartouches de fusils à tabatière.

Quelle organisation, les obus mauvais, les cartouches défectueuses; les mobilisés de la Sarthe étaient armés de fusils Enfield dont les cheminées n'étaient pas percées.

Nous perdions un monde énorme, les blessés traversaient sans cesse les lignes de tirailleurs pour trouver les ambulances établies à Lorges par ordre supérieur; les nombreux mourants n'étaient pas enlevés; le général Colin malade et obligé de s'absenter, laissait le commandement de la 2e division au lieutenant-colonel des Moutis; le feu de l'artillerie prussienne redoublait, la notre répondait à peine, et cependant nous avions l'ordre de repousser l'ennemi quand-même.

A quatre heures et demie le 2e bataillon de l'Orne n'ayant plus de munitions se retira de la première ligne.

Les cartouches n'arrivaient toujours pas.

Il n'y avait cependant pas un moment à perdre, pour rester

maîtres de la position. Le lieutenant-colonel des Moutis donna l'ordre à tous les tirailleurs, aux troupes de soutien et de réserve de se porter en avant. Ce fut alors un beau spectacle et un moment saisissant.

Sept mille hommes, officiers et aumôniers en tête, s'avancèrent résolument sous une grêle de balles et de mitraille ; la terre tremblait, et comme les échos de la forêt, répétait les détonations de cent pièces de canon tirant à la fois ; la mort semblait planer sur nos têtes.

Devant cet élan général, les Prussiens reculèrent en masses, et laissèrent comme la veille, la 2e brigade maîtresse du champ de bataille.

A cinq heures, deux sections de 12 et un demi-bataillon de marins, étaient venus appuyer ce grand effort, dont le résultat était d'autant plus heureux, que le 17e corps était repoussé à notre droite.

Nous entendîmes jusqu'à dix heures du soir, le crépitement des mitrailleuses françaises dans la direction d'Origny.

A 6 heures du soir, les 1er et 4e bataillons de l'Orne, furent envoyés dans la ferme de Villecoulon, à laquelle les Prussiens avaient mis le feu avec des bombes à pétrole ; de nombreux blessés y étaient restés et auraient péri infailliblement, sans le dévouement de nos chers aumôniers, les Pères Le Meur et Cabirol, qui les premiers y avaient songé et travaillaient à les enlever, depuis une heure.

Nous étions vainqueurs, mais à quel prix ?

La 2e brigade avait perdu dans cette journée, en artillerie, ligne, mobiles et mobilisés, 27 officiers tués ou blessés, et 1,754 hommes tués ou blessés. (1)

Pertes du 49e Régiment de Mobiles de l'Orne

le 9 décembre 1870.

Le 1er bataillon de l'Orne avait.	1 officier tué, M. MABILE, s.-lt. 1 officier blessé, M. MÉTAIRIE, lt. 84 hommes tués ou blessés.
Le 2e bataillon de l'Orne avait.	4 officiers blessés : M. GAUGAIN, s.-lt, mort des suites de sa blessure. M. DE MONTZEY, capitaine. M. MARC, lieutenant. M. DE FONTAINE (légèrement). 232 hommes tués ou blessés.

(1) Le Général Chanzy a été renseigné d'une manière incomplète sur le combat soutenu le 9 décembre, par la 2e division du 21e corps, car dans son livre (*2e armée de la Loire*) page 144, il en parle à peine:

Cependant page 494 le général Jaurès écrit le 10 décembre à 3 heures 10:

«Je ne connais pas nos pertes d'aujourd'hui: Celles d'hier ont été assez fortes. »

Signé : JAURÈS

Ces pertes existaient dans la 2e brigade de la 2e division, puisque presque seule, elle avait soutenu le choc de l'ennemi dans la journée du 9 décembre.

(*Note de l'auteur.*)

Le 3e bataillon de l'Orne avait.	2 officiers blessés : M. GUIOT, chef de bataillon. M. HOUSSIN DE St-LAURENT, cap. 170 hommes tués ou blessés.
Le 4e bataillon de l'Orne avait.	2 officiers blessés : M. DE VAUVINEUX, sous-lieutent. M. MAUGER, cap. (contusion). 75 hommes tués ou blessés.

Les mobiles de l'Orne avaient, comme la veille, montré dans cette grande bataille, un courage héroïque et une énergie admirée de tous; le lendemain, le général en chef Jaurès complimenta le lieutenant-colonel des Moutis, sur le succès de sa brigade, sur la vaillance des mobiles de l'Orne et lui annonça que voulant récompenser les troupes sous ses ordres, il le proposait pour officier de la Légion d'honneur.

Les mêmes campements furent repris, mais comme il faisait encore plus froid, les hommes ne purent se reposer, quoiqu'ils fussent brisés de fatigue et de misère

---

CHAPITRE CINQUIÈME

Combat du 10 décembre 1870

Le 10 décembre, les positions de la veille étaient pour la troisième fois reprises par la 2e brigade, à sept heures du matin.

A huit heures, le feu des Prussiens commença sur la 1re brigade, et bientôt après un grand combat d'artillerie s'engagea sur toute notre ligne; de nombreux escadrons allemands occupèrent le plateau qui se trouve en arrière de la ferme de la Villette.

Des bataillons ennemis se montrèrent alors du côté de Cernay, marchèrent sur nous avec rapidité, mais notre batterie de droite les foudroya et, malgré une vive canonnade qui les soutenait, les Prussiens furent dans l'impossibilité d'avancer.

Le 2e bataillon de l'Orne gardait la ferme de Villecoulon, sur laquelle se dirigea alors le feu ennemi.

En avant, les lignes de tirailleurs maintinrent les Allemands dont les efforts paraissaient, par notre vigoureuse résistance des deux jours précédents, se porter à droite sur le 17e corps, pour enfoncer le centre de l'armée. Les mitrailleuses grondaient et tiraient des coups tellement répétés, que nous jugions ce corps d'armée aux prises avec des forces considérables, et livrant un combat acharné.

Pendant la bataille, le général de division reçut l'ordre d'établir les propositions de récompenses, afin de les faire signer par le ministre de la guerre qui venait d'arriver à Josnes.

PROPOSITIONS (Orne).

OFFICIERS DE LA LÉGION D'HONNEUR

MM. DES MOUTIS, lieutenant-colonel.
GUIOT, chef de bataillon.
DE LA FERRONNAYS, chef de bataillon.

CHEVALIERS

1er bataillon.	DE MONTAIGU, chef de bataillon.
id.	ROULEAUX-DUGAGE, capitaine.
2e bataillon.	MAZIER, chef de bataillon.
4e bataillon.	DE BOYNES, capitaine.
id.	MAUGER, capitaine.
id.	DE VAUVINEUX, lieutenant.

En résumé, il n'y eut presque de notre côté qu'un combat d'artillerie, pendant lequel le 21e corps aurait dû, selon nous, se jeter sur la droite de l'ennemi et délivrer le 17e corps qui, abandonné à ses propres forces, devait nécessairement succomber.

A cinq heures du soir, les Prussiens disparaissaient lentement du côté de Cravant, nous laissant, pour la troisième fois, maîtres de notre terrain.

Le capitaine de Courcy, du 2e bataillon, était blessé à la tête, et nous avions 145 hommes hors de combat.

CHAPITRE CINQUIÈME

Retraite sur le Mans

Le 11 décembre, à dix heures du matin, la 2e brigade recevait l'ordre de se porter entre Lorges et Briou, et la 1re brigade celui de couvrir l'espace compris entre Poisly et Lorges ; la 2e division faisait ainsi une demi-conversion à droite.

Les Prussiens ne se montrèrent que vers quatre heures, devant une grand'garde du 4e bataillon de l'Orne occupant Messilly, et sous les ordres du capitaine Mauger. Plusieurs cavaliers ennemis furent tués, dont un officier.

Les Allemands semblaient se porter à droite du côté de Beaugency : les postes avancés les apercevaient dans le lointain, marchant rapidement vers la Loire.

En conséquence, la 2e division partit à huit heures du soir pour se placer à cheval sur la route de Marchenoir à Villemuzard ; la droite, c'est-à-dire la 2e brigade, à la Roche-Patin. On fit allumer de grands feux en avant des anciens bivouacs ; le 41e de ligne fut chargé de leur entretien entre Lorges et Briou. Le capitaine Lévy devait se maintenir pendant toute la journée du 12 dans cette position, ou au moins sur la lisière de la forêt de Marchenoir, puis, en la traversant, nous rejoindre à Viévy-le-Rayé, lorsque la nuit serait venue.

Nous couchâmes sans déplier les tentes et par un froid de dix degrés, dans un champ de blé, sous la garde d'un escadron de dragons et de la 3e compagnie du 3e bataillon de l'Orne (capitaine de Boissieu) qui s'étaient portés jusqu'à Villemuzard, où se trouvaient déjà les vedettes prussiennes.

Nous faisions ainsi un changement de front nécessité par la prise de Beaugency et les combats malheureux des 16e et 17e corps.

Le général Chanzy voyant l'aile droite et le centre de son armée brisés de fatigue et enfoncés, avait décidé la retraite sur le Loir.

Le 12, à cinq heures du matin, la 2e division partait pour Marchenoir, avec l'ordre de se tenir toujours prête au combat.

Les deux brigades marchaient dans les champs à droite et à gauche de la route, en colonne par bataillon, avec l'artillerie sur la chaussée.

Un affreux dégel commença pour notre malheur. On comprendra avec quelle peine nous avancions dans les terres détrempées; combien il était difficile de garder les distances sur des lignes aussi grandes, et quelles fatigues il fallut endurer. Les troupes n'avaient pas eu la possibilité de faire la soupe le matin, puisqu'il était défendu d'allumer du feu ; les chefs de brigade se tenaient à la hauteur du dernier bataillon en arrière, afin d'être à même d'ordonner immédiatement la résistance, si nous étions attaqués dans cette marche.

A dix heures, nous fîmes une halte pour prendre le café ; les hommes ne pouvaient plus avancer, tant il y avait de boue.

Après avoir traversé Marchenoir, nous entrâmes vers trois heures dans Viévy-le-Rayé, où arrivaient sans cesse des soldats isolés, des gendarmes, des voitures et des blessés, le tout appartenant au 17e corps.

Les ulhans poursuivaient les traînards la lance au poing et prenaient les voitures de bagages et de vivres, sans que ces troupes songeassent à les défendre ; à cinq heures, une vive fusillade de nos grand'gardes nous fit jeter la soupe dans les fossés et prendre les armes pour nous porter en avant. C'était une alerte, causée par quelques cavaliers ennemis.

Le lieutenant-colonel des Moutis, tombé sous son cheval dans un fossé, fut obligé de s'absenter quelques jours pour se remettre d'une forte entorse.

Le commandant de la Ferronnays prit alors le commandement de la 2e brigade, qui se rendit le 13 à Fréteval. Le 14 et le 15, nos mobiles de l'Orne n'eurent pas d'engagement ; le 2e bataillon seulement fut envoyé en tirailleurs sur le château et traversa un champ tellement détrempé que les hommes, y perdant leurs souliers, furent forcés de les porter à la main et de marcher ainsi pieds-nus au devant de l'ennemi.

Celui qui n'a pas assisté à ces scènes de misère sans exemple, ne pourra jamais comprendre les souffrances terribles qu'ont endurées nos pauvres mobiles pendant cette triste retraite. Le cœur le plus endurci se brisait et les larmes coulaient des yeux, lorsque nous voyions tant de malheureux, que l'on ne pouvait soulager, mourir dans les fossés : les uns toussaient et râlaient, les autres avaient les jambes enflées et bleuies ; tous, le corps presque nu, se traînaient plus qu'ils ne marchaient sur la terre amollie par les pluies de cet affreux dégel : plus de 1,000 hommes portaient des sabots ou des moitiés de souliers seulement; beaucoup aussi n'avaient pour chaussures que des chiffons roulés autour des pieds. Presque tous avaient dû couper en deux leurs couvertures, afin de remplacer tant bien que mal les vêtements absents.

« Ah! Monsieur Gambetta, dites-nous, s'il vous plaît, ce que faisaient vos employés à Tours et à Bordeaux et si, pendant vos festins, vous pensiez quelquefois aux nuits affreuses passées dans la neige par ces pauvres soldats? Ceux-là, quoique mal armés, mal vêtus, mal chaussés, savaient se battre, souffrir et mourir pour la patrie, pour la pauvre France qui, dans un jour de malheur et sans vous connaître, vous a *sacré grand homme*, et n'a trouvé en vous qu'un désorganisateur. Ah! vous avez été maudit par les plus vaillants, maudit hautement et justement! Ces soldats martyrs comprenaient que du 10 octobre au 15 décembre, vous auriez pu leur envoyer les choses les plus indispensables, si vous aviez moins songé à la *République une et indivisible* et davantage à la défense du pays : si vous aviez conservé près de vous des généraux pour les diriger, leur choisir des chefs et les équiper convenablement.

« Maudit encore par ces malheureux blessés sans soins, ces combattants sans souliers ni vêtements, par ces fantassins sans cartouches, ces canonniers sans boulets, ces malades sans médicaments, qui tous hurlaient votre nom en mourant par votre faute!

« Vous figuriez-vous ces milliers d'hommes couchés dans la boue, harassés, fourbus, la figure contractée, les yeux sortant de leur orbite? Entendiez-vous ces tristes cœurs dont la fièvre précipitait les battements, et saviez-vous où allait leur dernière pensée! Virgile vous le dit par ce beau vers, lorsqu'il raconte la mort d'un jeune grec dans la plaine du *Latium* : « En mourant il se souvient de sa chère Argos. *Et moriens dulces reminiscitur Argos.* »

« Voilà pourquoi 20,000 soldats, pendant cette retraite et 20,000 autres, malades, étendus sur les pavés du Mans, ont avec tant de raison juré, grondé et maudit votre nom ! »

Lorsque tous les ponts sur le Loir furent détruits, la 2e division prit la route du Mans par Droué et Busloup et arriva le 18 au Breuil, le 19 à Saint-Maixent et Lavaré; le 20, elle traversa l'Huisne au pont de Connerré pour s'établir à Montfort.

Le 21 décembre, d'après les positions indiquées par le général Chanzy pour la défense du Mans, la 2e division du 21e corps s'établit en avant de Sargé et s'occupa activement de la réorganisation de ses régiments, bataillons et compagnies.

Le 49e mobiles de l'Orne avait éprouvé de grandes pertes ; les officiers et la troupe constamment en marche pendant trente jours avaient montré, malgré leurs fatigues, un courage et un esprit de discipline plusieurs fois remarqués par les généraux. Au feu, pas un homme n'avait reculé, et l'histoire n'aura pas à enregistrer au compte des mobiles de l'Orne ni à celui de leur brigade un seul moment de défaillance devant l'ennemi.

La petite vérole, les fluxions de poitrine, les angines et les congélations firent alors un grand nombre de victimes. Malgré le repos accordé aux troupes et des cantonnements assez bons, l'effectif pendant cinq jours diminua de cent hommes par bataillon; quelques rares officiers demandèrent des congés pour maladies graves.

Personne n'avait plus de linge, et, malgré un envoi du capitaine-major, il fallut chaque jour demander à l'intendance le plus pressé. Les souliers firent toujours défaut, presque tous étaient trop petits, dans la proportion de 19 sur 20 !

Le 1er janvier, le lieutenant-colonel des Moutis ayant repris le commandement de la 2e brigade et la surveillance de son régiment, fut heureux de constater que le commandant de la Ferronnays, qui l'avait remplacé pendant son absence, était non-seulement un officier énergique, mais encore un organisateur de premier ordre, ayant une puissance de travail que rien n'arrêtait.

Le dépôt nous envoya 300 hommes venant des soutiens de famille rappelés à Alençon.

Suivant les ordres du général en chef, une grand'garde par bataillon se portait chaque jour très en avant de nos lignes, et nos officiers de ronde exerçaient une active surveillance. 500 hommes du régiment étaient occupés près du village de Savigné, sous la direction du génie, à la construction d'épaulements et tranchées qui malheureusement ne devaient pas nous servir.

La 2e brigade, dont les mobilisés de la Sarthe avaient à moitié disparu pendant la retraite de Marchenoir, reçut comme renfort :

Trois bataillons d'infanterie — 59e de marche,

Un bataillon d'infanterie de marine — 9e bataillon.

Le temps s'écoulait en travaux de tout genre pour la 2e division : exercices, instruction sur le service en campagne, revues d'armes et enfin échange de fusils.

Le 1er bataillon reçut des chassepots.

Les 3e et 4e bataillons changèrent leurs fusils à tabatière contre des Sniders.

Les officiers malades rentraient presque tous à leur poste ; chacun comprenait que la guerre n'était pas encore terminée. Nos soldats étant près de leur département savaient déjà que l'ennemi y avait causé de grands ravages ; confiants dans leurs chefs, ils étaient disposés à se montrer braves comme ils l'avaient été dans les six grands combats précédents.

Nous n'avions pu encore obtenir de capotes, et cependant le froid devenait plus grand : la neige commençait à tomber, et toujours nous n'avions pas de guêtres.

Heureusement, nous ne fûmes pas désignés pour faire partie des colonnes mobiles ; la division du général Rousseau et la 1re brigade fournirent les hommes demandés.

La tranquillité dans laquelle nous vivions ne devait pas être de longue durée : on apprenait en effet que l'armée allemande, sous les ordres du grand-duc de Mecklembourg et du prince Frédéric-Charles, s'étendant de Beaugency à Chartres, se portait à notre rencontre, en formant un grand arc de cercle qui dominait le flanc gauche de la deuxième armée de la Loire, de Bellême à Nogent-le-Rotrou, notre centre par Vendôme et Saint-Calais et notre droite par Château-du-Loir et la Chartre.

Les nombreux combats engagés par les colonnes mobiles avaient rétréci la circonférence de ce cercle qui bientôt allait nous attaquer par masses profondes et serrées.

Le 8 janvier, la 2e division du 21e corps reçut l'ordre de partir le lendemain.

La neige couvrait le sol d'une épaisseur de 30 centimètres ; il fallait cependant quitter nos excellentes positions pour nous porter au secours du général Rousseau, dont les troupes étaient serrées de trop près par l'ennemi.

Nous allions donc revoir les Prussiens et les attaquer, cette fois, comme nous pensons qu'il eût été utile de le faire plus souvent.

Tous les hommes versés dans l'art de la guerre savent que la plus grande partie des soldats français n'ont pas assez de sang-froid ni de ténacité lorsqu'ils sont attaqués, et que notre nation ne peut alors, comme dans la marche en avant, se débarrasser du danger. Dans une attaque, nous brisons tout ; au contraire, nous nous laissons décourager en un instant, si l'ennemi prend l'offensive.

A la bataille de Coulmiers, notre seule belle victoire, nous attaquions ; dans presque tous les combats sur le Loir, pendant la fin de décembre, nous avons été vainqueurs, parce que nous marchions sur l'ennemi. En effet, dans ce cas, les soldats sont serrés les uns contre les autres, tout le monde s'encourage et on sait où l'on va.

En attendant l'ennemi, on ignore ses mouvements ; si l'on est près d'un bois on ne voit rien et on ne sait rien, parce que notre cavalerie ne connaît pas le service des reconnaissances pour lesquelles il faut d'excellents chevaux, des hommes déterminés, intelligents et comprenant la guerre.

Lorsque les Prussiens arrivaient par un chemin, on était certain que sur une autre route, à 200 mètres plus à droite et plus à gauche, on allait encore en voir. Il y en avait aussi dans les intervalles, dissimulés de manière à nous attaquer à l'improviste et au plus fort du feu.

Nous avions toujours des distances trop longues à garder, par conséquent peu de réserves et d'immenses difficultés pour faire arriver les cartouches.

Les Allemands disciplinés, toujours groupés, brisaient nos lignes après nous avoir désorganisés par leur terrible artillerie, et les ordres donnés ne nous permettant jamais d'avancer, nous étions en un instant débordés et forcés de reculer.

Pour toutes ces raisons, il eût donc mieux valu attaquer. Nous ajouterons encore que dans ce cas les mauvais soldats auraient été obligés de marcher quand même, et les médiocres de chasser leur doux espoir de voir bientôt la guerre terminée.

Le 9 janvier 1871, la 2e brigade reçut l'ordre de se placer sur la route de Saint-Rémy-la-Chapelle à Connerré, et de donner la main à la 1re brigade, dont la droite allait jusqu'à la gare de Connerré.

Le général Colin prescrivait de défendre cette route devant laquelle se trouvent des bois immenses, et dont les fossés sont larges et profonds. Nous n'avions pas de cavalerie en avant, mais, assurait-il, nous étions gardés sur notre gauche, à Saint-Célerin; par la 3e division (de Villeneuve) du 21e corps.

Les trois bataillons du 59e de marche prirent la droite de la 2e brigade, près des fermes de la Petite-Cavet ; à leur gauche venaient : le bataillon d'infanterie de marine, en face du château de Couléon ; à la suite le 2e bataillon de l'Orne, donnant la main aux 3e et 4e bataillons de l'Orne, qui gardèrent le village de Saint-Rémy-la-Chapelle, après l'avoir barricadé ; le quartier-général de la 2e brigade, avec le 1er bataillon de l'Orne et le bataillon du 41e de ligne, en réserve, au château de Courvarain.

Les mobilisés de la Sarthe étaient restés en arrière, aux bagages, pour escorter l'artillerie que l'on n'avait pas voulu faire avancer.

Chaque bataillon fournit en avant de son front une compagnie de grand'garde qui détacha des petits postes.

Les francs-tireurs du Mans s'installèrent au château de Couléon, afin de doubler le service de l'infanterie de marine.

Aussitôt ces mesures prises, vers 4 heures de l'après-midi, le bataillon du 41e de ligne partit en reconnaissance sur Saint-Célerin, afin de donner la main à la 3e division qu'il ne trouva pas ; le général Colin fut prévenu de ce fait grave par le commandant de la 2e brigade. La nuit se passa sans que nous soyons inquiétés : les hommes bivouaquèrent dans la neige par un temps affreux.

CHAPITRE SIXIÈME

Combat de Saint-Rémy-la-Chapelle

10 janvier 1871.

Le 10 à sept heures du matin, le bataillon du 41e de ligne était encore envoyé à Saint-Célerin, et revenait à onze heures, sans avoir vu ni amis ni ennemis dans ce village ; les renseignements fournis par les habitants ne donnaient aucune nouvelle des Prussiens.

Deux sections de l'artillerie de la 2e brigade se trouvaient sur la route, entre Lombron et la Chapelle-Saint-Rémy, en avant de la croix des routes.

Vers midi, des uhlans parurent et en même temps, le 59e de marche était attaqué vigoureusement, ainsi que l'infanterie de marine, à 1 heure le 2e bataillon de l'Orne tiraillait en avant de son front.

Le commandant de la 2e brigade se porta immédiatement à droite sur la ligne attaquée, afin de voir si les troupes étaient placées de la manière indiquée par lui. Il avait donné l'ordre aux chefs de bataillon de garder un tiers de leur effectif en réserve et de placer leurs compagnies de manière à éviter d'être tournées; le bataillon de droite devait en avoir une en potence.

A deux heures et demie, le lieutenant-colonel des Moutis, recevait l'ordre du général Colin de masser toute sa brigade sur la route et de se porter en colonnes par pelotons sur Connerré, afin de soutenir la 1re brigade qui allait attaquer la gare. (1).

Etait-il possible d'exécuter ce mouvement. Nous nous serions fait alors prendre par le flanc et probablement en queue, puis tourner.

Le lieutenant-colonel des Moutis, écrivit au général Colin, « que son centre et sa droite étaient fortement engagés depuis « deux heures et demie contre des troupes menaçant toute la « ligne, que le seul mouvement qu'il pût faire, était d'appuyer

(1) Général Chanzy, page 568.

Général Jaurès à général Chanzy.

Je reçois du général Colin, la dépêche suivante :

J'ai l'honneur de vous rendre compte que je viens de rentrer au moment où la vive fusillade que j'ai eu à soutenir de trois à six heures finissait. Des ordres envoyés à une heure à M. des Moutis pour l'attaque de Connerré n'ont pas eu de ce côté le moindre commencement d'exécution ; au moment où l'un de mes officiers est arrivé à la Chapelle-Saint-Rémy, la brigade des Moutis était engagée sur ce point, et soutenait depuis plusieurs heures déjà un feu assez nourri sur toute l'étendue de son front, etc.

Signé : **JAURÈS.**

Le général Colin, en disant la fusillade de trois heures à six heures, veut parler de la 1re brigade, puisqu'il ajoute que son officier d'ordonnance venu *à deux heures et demie à* la Chapelle-Saint-Rémy, lui annonçait que la 2e brigade soutenait un feu assez vif *depuis plusieurs heures.*

Note de l'auteur.

« un peu sur Connerré pour le soutenir et qu'il le priait de se « servir de sa réserve divisionnaire. »

On se porta en effet à droite et le 1er Bataillon de l'Orne entra en action.

A trois heures les Prussiens couvraient de leurs tirailleurs, tout notre front jusqu'au château de *Courvarain*; le 41e de ligne renforça le 2e bataillon de l'Orne, une section de 4 placée sur la route et amenée à grand'peine à cause du verglas, ouvrit un feu de mitraille à 600 mètres.

Les compagnies qui gardaient les pièces *jurèrent de mourir* jusqu'au dernier homme, plutôt que de les laisser enlever.

Le lieutenant-colonel des Moutis, fit alors avancer une autre section, de manière à terrifier les Prussiens qui, cette fois n'avaient pas d'artillerie.

Au bout d'une heure et demie de feux réguliers, quoique difficiles, parce qu'après chaque coup tiré, les canons par l'effet du recul, tombaient dans des fossés profonds, l'ennemi dût s'arrêter; à cinq heures la fusillade cessa tout-à-coup.

Nos pertes étaient legères; la 2e brigade avait repoussé la 22e division du 13e corps prussien, et forcé les Allemands à s'arrêter en arrière du château de Couléon.

Les avant-postes furent doublés et le général Colin reçut encore avis de l'absence de la 3e division sur notre gauche, par la route de Bonnétable. (1)

(1) Documents allemands, guerre 1870-71, ouvrage imprimé à Zurich, 4e livraison, par Rustow. Le 10 janvier, la 22e division du 13e corps, s'avança de Sceaux sur la rive droite de l'Huisne, prit Beillé et se porta sur Lombron; dans cette marche elle fut attaquée sur

Le 59e de marche avait bien tenu; l'infanterie de marine par suite de la mollesse du commandant, avait quitté le château de Couléon, et s'était retirée dans une ferme établie à moitié de l'avenue du château, mais nous étions restés maîtres de la route.

Le 2e bataillon de l'Orne et le 41e de ligne avaient combattu vigoureusement ; c'était à eux que nous devions d'avoir arrêté l'ennemi.

Le lieutenant-colonel des Moutis, après s'être assuré du résultat de la journée et des pertes qui étaient peu sérieuses, alla rendre compte de sa position au général Colin et passa la nuit au château de Loresse *(quartier général)* afin de pouvoir s'emparer des cartouches qui devaient arriver de Montfort, vers trois heures du matin.

Le général Colin prétendait toujours que la 3e division nous protégeait à gauche.

Nous avons dit qu'il y avait un pied de neige; les chevaux ne pouvaient marcher, l'artillerie et la cavalerie n'avaient pas un clou à glace, les routes battues par l'infanterie étaient très-glissantes et on finissait par craindre pour nos canons, aussi le

son flanc droit à la Chapelle-Saint-Rémy; elle *dut refuser son aile droite* et s'arrêta vers le soir, sa droite *au chateau de Couléon.*

« Général Chanzy, page 303. La 2e divison s'était mise en marche sur Connerré, lorsqu'un effort très-vif des Allemands sur la Chapelle-Saint-Rémy, l'appela sur ce point d'où elle les repoussa. »

La 2e brigade n'ayant pas marché sur Connerré, était *seule* à arrêter les Prussiens à la Chapelle-Saint-Rémy, et au château de Couléon. Le rapport fait au général Chanzy eût dû dire : La 2e brigade de la 2e division.

Note de l'auteur.

général en chef ordonna-t-il de les renvoyer à Saint-Corneille avec les convois.

Le lieutenant-colonel des Moutis, après bien des instances, finit par obtenir de garder avec lui une section de 4 seulement, sur la batterie de sa brigade.

CHAPITRE SEPTIÈME

Combat de Lombron

11 janvier 1871

Le 11 janvier à quatre heures du matin, par un froid affreux, le commandant de la 2e brigade fit porter et escorter jusqu'à la Chapelle-Saint-Rémy, deux voitures de munitions dont les troupes n'étaient pas suffisamment approvisionnées.

Le 1er bataillon de l'Orne qui possédait des chassepots depuis le 7 et qui n'avait reçu que vingt cartouches par homme, se servit le premier; le 2e bataillon de l'Orne vint ensuite; le reste fut envoyé sous bonne garde, à l'infanterie de marine et au 59e de marche.

Aussitôt arrivé à la Chapelle-Saint-Rémy, le commandant de la 2e brigade, devant laquelle aucune reconnaissance de cavalerie n'avait été faite, dut songer à sa gauche avant de commencer la journée, il envoya alors le troisième bataillon de l'Orne sur Saint-Célerin.

Son commandant M. Le Tessier, homme d'un courage héroïque, d'une prudence consommée et acquise par dix ans de guerre en Afrique, reçut des instructions précises pour combattre jusqu'à la dernière extremité, s'il était attaqué par une colonne prussienne venant de Bonnétable et faire avertir immédiatement le lieutenant-colonel des Moutis; de plus il avait l'ordre, en cas de force majeure, de se replier jusqu'à la croix des routes où 2 compagnies du 4e bataillon furent envoyées sous les ordres du vaillant capitaine des Plas, afin de garder sérieusement ce passage par lequel le commandant de la 2e brigade avait la conviction qu'il serait tourné et pris à dos.

Le commandant Le Tessier devait explorer le pays et compter sur une section d'artillerie qui allait être placée à la croix des routes près de la Foncée.

A neuf heures et demie, le général de division écrivait au lieutenant-colonel des Moutis de se porter vers la droite de sa brigade sur Connerré; il fut repondu au général que, « d'après « le rapport des petits postes, l'ennemi avait marché pendant « la nuit, en avant de la Chapelle-Saint-Rémy, et dans la « direction de Saint-Célerin; que le commandant de la 2e bri- « gade sentait un grand danger sur sa gauche et croyait sa « présence absolument nécessaire à la Chapelle-Saint-Rémy, « même jusqu'à ce que les nouvelles de Saint-Célerin lui « fussent parvenues; qu'il priait le général de division de sur- « veiller la droite de la 2e brigade; (ce qui lui était facile « puisqu'il était toujours avec la 1re brigade); que le lieutenant- « colonel allait envoyer deux compagnies du bataillon Lévy « pour renforcer le 59e de marche et l'infanterie de ma- « rine. »

A dix heures, quelques uhlans se présentaient déjà devant la Chapelle-Saint-Rémy; une reconnaissance du 4e bataillon découvrit à un kilomètre en avant, des Prussiens placés en grand'garde et *déguisés en mobiles.*

Le commandant Mennier du 9e bataillon d'infanterie de marine, eut beaucoup de peine à faire passer les cartouches au 59e de marche dont le chef, le commandant Manior ne put compléter sa distribution qu'à une heure, au moment où il était le plus vigoureusement attaqué.

A midi, un sergent du 3e bataillon amena un uhlan fait prisonnier; aussitôt M. de la Ferronnays l'interroga en allemand et un heureux hasard ayant permis que cet homme fût polonais, nous apprenions par lui que Lombron allait être attaqué par un corps de 6,000 Prussiens, venant de Saint-Célerin.

Une demi-heure après, l'adjudant major du 3e bataillon de l'Orne retardé par les exécrables chemins remplis de neige, annonça que son bataillon entouré en un clin d'œil dans Saint-Célerin allait être enlevé par de grandes forces ennemies, si un prompt secours ne lui était pas envoyé.

(Voir ce combat à l'appendice).

Ainsi la 2e division devait dans cette journée soutenir le choc de deux divisions prussiennes; la 2e brigade avait à ce moment une masse énorme d'Allemands à sa droite et allait être en même temps tournée sur sa gauche, par la route de Saint-Célerin à Lombron. (1)

(1) Guerre de 1870-71. — Ouvrage allemand imprimé à Zurich par Rustow. — La 22e division du 13e corps se porta à la droite de la Chapelle par Saint-Célerin et força contre la route de Bonnétable au Mans.

La 17e division du 13e corps qui le 10. n'avait pas pu passer à Pont-de-Gesnes, traversa l'Huisne à Connerré le 11; la 22e et la 17e division se portèrent en avant sur la ligne de Lombron-la-Chapelle.

Le lieutenant-colonel des Moutis, envoya immédiatement trois compagnies du 1er bataillon de l'Orne à la croix des routes, pour soutenir le commandant du 3e bataillon, s'il était forcé à la retraite et donna l'ordre d'y faire mettre la section de 4 en batterie.

La neige était tombée en grande quantité pendant la nuit, les chemins étaient affreux, il gelait à 10 degrés, l'officier d'ordonnance, M. de Vauvineux, venait d'avoir son cheval blessé d'une balle dans le sabot; l'aide de camp M. de Boissieu était aussi à pied. Pour avertir le général de division qui était à la 1re brigade et recevoir ses ordres, il eût fallu attendre trois heures.

La distance qui sépare Saint-Célerin de Lombron *(5 kilomètres)* ne permettait pas d'hésitation; les obus ennemis commençaient à tomber sur la Chapelle-Saint-Rémy, toute la droite et le centre se battaient avec énergie depuis trois heures.

Le lieutenant-colonel des Moutis crut trouver le salut de sa brigade dans un changement de front en arrière sur l'aile droite, quoiqu'il connût les difficultés d'une pareille manœuvre, faite sous le feu de l'ennemi.

Il était une heure de l'après-midi.

Des officiers à cheval se dévouèrent pour porter les ordres écrits au crayon et le commandant de la Ferronnays, homme ponctuel et bon manœuvrier, reçut les instructions nécessaires pour diriger ce mouvement qui demandait du coup d'œil et surtout du sang-froid.

Malgré les attaques formidables des Prussiens, sur la droite, le centre et bientôt sur le château de Courvarain, où se trouvait le capitaine Lévy ; les troupes, à l'exception du 59e de marche, firent un à-gauche en combattant, pendant que le commandant de la 2e brigade se portait à la croix des routes, pour reconnaître le terrain et faire exécuter des épaulements par sa demi-section de génie.

Il était 2 heures et demie, le général Colin arrivait à pied. Quoiqu'un peu surpris d'abord, il approuva le mouvement et ne tarda pas à voir arriver les troupes de la 2e brigade par quatre et en ordre aussi parfait que sur un champ de manœuvres. (1) L'ennemi nous attaqua aussitôt.

Voyant sa gauche en sûreté, et les Allemands arrêtés au centre par une plaine remplie de neige et sans chemins, le général de division retourna à la première brigade, qu'il trouva refoulée sur tous les points. (2)

(1) Général Chanzy, page 312. — Jugeant qu'il ne pouvait conserver toutes ses positions, trop étendues pour le nombre de troupes dont il disposait, le commandant de *la 2e division se décida* à se replier sur la seconde ligne qui lui avait été assignée.

Ce mouvement s'exécuta avec beaucoup d'ordre sous la protection de trois bataillons de l'Eure-et-Loir échelonnés sur les crêtes à l'ouest des Grands-Veaux, tandis que la 2e brigade venait occuper les hauteurs et les bois que traverse la route de Saint-Célerin à Lombron, ayant deux bataillons en potence devant Saint-Célerin.

Ce rapport fait au général Chanzy n'est pas exact, pour ce qui concerne la 2e brigade. Les détails ci-dessus le prouveront suffisamment.

Note de l'auteur.

(2) Général Chanzy page 312, ligne 29. — Malheureusement vers la fin de la journée, la 1re brigade se retira prématurément et sans ordres, sur les côteaux de Lombron que le général Colin essaya en vain de lui faire reprendre à la fin de la journée.

L'artillerie n'ayant pu monter sur le plateau qui domine à gauche la route de Saint-Célerin à Lombron, le 4e bataillon de l'Orne reçut l'ordre de s'y établir fortement et de surveiller la route de Lombron à Sillé-le-Philippe. Le 41e de ligne garda la route de la Chapelle-Saint-Rémy; le 1er bataillon de l'Orne s'avança sur celle de Saint-Célerin pour soutenir les débris du 3e bataillon.

Le 2e bataillon était à la croix des routes, prêt à se porter à droite dans les sapins, si le 1er bataillon se trouvait débordé. L'infanterie de marine fut placée en réserve en avant de la section d'artillerie qui, mise en batterie sur un petit plateau en arrière, pouvait fouiller la route de la Chapelle et le ravin dans lequel se trouve la route de Saint-Célerin. Le 1er bataillon de l'Orne avait à peine rejoint deux compagnies du 3e bataillon restées en avant et fait un kilomètre sur la route de Saint-Célerin qu'il était vigoureusement attaqué. Le commandant de Montaigu engagea deux compagnies à la fois, afin de ménager ses cartouches, contint l'ennemi avec beaucoup de sang-froid et d'énergie; il eut son cheval blessé sous lui.

Le 2e bataillon de l'Orne se porta alors en avant, pour soutenir l'attaque et fut remplacé par l'infanterie de marine.

Notre section de 4 commença par tirer à mitraille, malgré les balles qui arrivaient jusqu'à ses servants; elle appuya la défense d'une manière tellement efficace, que le commandant de la 2e brigade fit reculer seulement jusqu'à Lombron, le convoi de vivres qui se trouvait sur cette route.

Après une heure et demie de combat bien dirigé et commandé avec sang-froid par les chefs de bataillon de Montaigu et Mazier, les Prussiens qui ne sont pas très à craindre lorsqu'ils n'ont pas d'artillerie, ne purent avancer malgré plusieurs charges à la baïonnette essayées par eux en poussant des hurras sauvages.

Nos deux pièces de 4 reconduisirent lestement les Allemands, et les forcèrent à une retraite assez rapide vers Saint-Célerin. (1)

Il est probable que, sans l'heureux hasard qui nous avait amené ce uhlan *(polonais)*, nous n'aurions pas été assez renseignés pour éviter une attaque à revers venant de Bonnétable. Les détails donnés par le prisonnier semblaient tellement positifs, que le commandant de la 2e brigade n'hésita pas à prendre, sous sa responsabilité, ce changement de front qu'il savait difficile et périlleux, mais les troupes sous ses ordres étaient bonnes, pleines de confiance et avaient toujours prouvé leur courage dans les moments les plus dangereux.

Sans cette manœuvre faite au moment où la 1re brigade était en retraite, que serait devenue la 2e division toute entière ?

La 2e brigade attaquée par devant et par derrière, n'ayant plus de route pour se porter sur Lombron, aurait peut-être pu se retirer par les champs couverts d'un pied de neige. C'eût été alors une débandade et un désastre.

L'ennemi resté à la Chapelle-Saint-Rémy ne vint pas sur nous, craignant sans doute un piège ; les forces de la 22e division du 13e corps allemand se relièrent avec la droite de la 17e

(1) Général Chanzy. page 312, ligne 28. — Le lieutenant-colonel des Moutis *(commandant la 2e brigade)* sut maintenir l'ennemi de ce côté.

division prussienne et firent avancer leurs masses sur la gauche de la 1re brigade qui fut enfoncée, et sur notre pauvre 59e régiment de marche qui, n'ayant pu suivre le mouvement de la 2e brigade par la route de Connerré à la Chapelle-Saint-Rémy, avait été obligé de se retirer directement sur Lombron et en protégeant la gauche de la 1re brigade.

Le chef de bataillon Manior, commandant ce régiment, avait été blessé; le capitaine La Gorce était fait prisonnier, après s'être défendu comme un lion, et grâce à l'énergie du commandant Egrot, le brave 59e de marche, avait dégagé notre droite et conservé Lombron, point de défense assigné à la 2e division, mais hélas, il avait perdu les deux tiers de son effectif *(1600 hommes)*.

Dix capitaines sur treize étaient tués, blessés ou prisonniers, ainsi qu'un grand nombre d'officiers de tout grade.

En somme la 2e brigade avait perdu dans cette journée, trente-trois officiers et deux mille trois cents sous-officiers et soldats. (1)

Le 49e mobiles de l'orne avait 350 hommes hors de combat.

(1) Général Chanzy, page 580. — Au ministre de la guerre.

« Au 21e corps, un seul régiment, sur 13 capitaines, en a perdu 10. — Il est néammoins prêt à marcher de nouveau. »

Pour la journée du 11 janvier, comme pour celle du 9 décembre à Lorges, nous nous permettons de trouver bien sobres de détails les rapports faits au général Chanzy, sur la 2e division du 21e corps.

Nous livrons aux historiens militaires, le rôle de la 2e brigade dans ces deux journées, pendant lesquelles le 49e mobiles de l'Orne a combattu vaillamment, et toujours forcé l'ennemi à rétrograder.

Note de l'auteur.

A cinq heures et demie du soir, les grand'gardes étaient reprises ; du côté de la Chapelle-Saint-Rémy, on entendait les Prussiens parler; ils prenaient déjà leurs positions pour attaquer le lendemain le château de Loresse, quartier général de la 2e division.

Les chefs de bataillon de la 2e brigade, reçurent des instructions pour se garder très-sérieusement pendant la nuit et envoyer à Lombron, sans perdre un instant, prendre des cartouches qui étaient arrivées de Montfort.

Le capitaine Lévy en plaçant ses petits-postes, surprit un détachement Prussien qu'il fit prisonnier.

Le lieutenant-colonel des Moutis, après avoir assuré le bivouac, se transporta chez le général commandant la 2e division, pour lui rendre compte de la fin de la journée; il reçut l'ordre de son chef de rester au quartier général pendant la nuit.

Il faisait un froid intense et la neige ne fondait nullement. Les hommes souffraient énormément.

CHAPITRE HUITIÈME

Retraite de nuit

Le 12 janvier, à deux heures du matin, un courrier venait apporter de nouvelles instructions.

Le commandant de la 2e brigade devait trouver immédiatement un guide à qui l'on donnerait *mille francs*, si cela était nécessaire, pour nous conduire à Saint-Corneille par le chemin le plus court et le plus dérobé, tandis que la 1re brigade se replierait en arrière par les bois de Mondoublerain (général Chanzy, page 336).

Le lieutenant-colonel des Moutis n'avait pas de carte routière complète. Comment trouver un bon guide à pareille heure et par trente centimètres de neige? Les maisons de Lombron étaient fermées, évacuées ou pleines de mourants et de blessés.

Heureusement, le lieutenant-colonel d'état-major Magnan lui prêta une carte sur laquelle était indiqué un passage, permettant de traverser à *l'Ormeau* la route de Lombron à Sillé-le-Philippe, mais forçant une grande partie des troupes à monter sur le plateau de la ferme de la Chalopinerie, où le 4e bataillon de l'Orne était bivouaqué.

Le campement avait été fait sur deux lignes.

Le capitaine de Boissieu découvrit, après beaucoup de recherches, un guide qui voulut bien conduire à l'Ormeau le 1er bataillon de l'Orne et le 59e de marche par un petit chemin qui se trouvait à la hauteur de cette deuxième ligne.

Nous avions dans la journée dépensé presque toutes nos munitions et cependant, à ce moment, il fut rendu compte que les bataillons n'avaient pu trouver le convoi de cartouches à Lombron.

La vérité était qu'on avait remis au lendemain pour s'en procurer.

La première ligne, après avoir ranimé ses feux de bivouac, se mit en mouvement dans le plus grand silence : le capitaine Lévy, commandant le bataillon du 41e de ligne, resta comme arrière-garde, et le capitaine Demorieux, des francs-tireurs manceaux, fit mettre un homme debout devant chaque foyer.

Le commandant de la 2e brigade se souvenant avoir rencontré à la ferme de la Chalopinerie un homme ayant l'air sérieux et intelligent, s'y porta rapidement et fut assez heureux pour que ce brave fermier voulût bien le conduire *gratis* à Saint-Corneille.

Il n'y a que les personnes ayant été chargées d'une mission périlleuse comme celle-ci qui puissent comprendre les émotions, les impatiences et les tristes pensées dont celui sur qui repose la responsabilité d'une pareille entreprise est écrasé dans un moment aussi solennel.

La plaine était couverte de feux ennemis; les Allemands nous entouraient de trois côtés, et leurs vedettes couvaient les nôtres du regard : il fallut cependant faire filer dans un chemin étroit, profond et rempli de neige quatre bataillons, dont les hommes ne purent marcher que par un. Cette colonne s'arrêtait, repartait, s'allongeait et s'arrêtait encore; les officiers donnaient leurs ordres à voix basse, mais nos soldats avaient oublié l'un son fusil ou son sac, l'autre son bidon et, malgré les recommandations, on faisait trop de bruit.

Le 41e de ligne attendait en bataille, son front tourné du côté de l'ennemi. Ce bataillon ne se mit en mouvement à son tour, que lorsque les autres troupes eurent franchi là pente de la colline sur laquelle nous montions péniblement.

Heureusement, les Allemands ne s'aperçurent de rien.

Le 4e bataillon de l'Orne qui gardait notre flanc droit sur la hauteur en avant de la Chalopinerie, ne commença sa marche qu'à l'arrivée du 41e de ligne devant cette ferme.

Lorsque la 2e brigade eût passé l'Ormeau, rallié le 1er bataillon de l'Orne et le 59e de marche, il était cinq heures et demie : le jour commençait à poindre. Le lieutenant-colonel des Moutis resta sur la route jusqu'à ce que le dernier homme fût en sûreté. Quelques uhlans parurent à ce moment, venant de Sillé-le-Philippe.

Pendant ce pénible trajet, il était défendu de tirer un seul coup de fusil, à moins d'être attaqué ; des compagnies furent détachées sur le flanc droit, à 200 mètres de la colonne, et, enfin, le 12, à huit heures du matin, la 2e brigade arrivait à St-Corneille sans avoir été sérieusement inquiétée par l'ennemi.

Nos troupes firent la soupe dans un bois de sapins donnant sur la droite de la route de Savigné l'Évêque et sur le parc du château de la Perrine.

CHAPITRE NEUVIÈME

Combat de Courcebœuf (Sarthe)

12 janvivr 1871.

Le 12 janvier 1871, à onze heures du matin, le général Colin ordonna de partir pour Savigné-l'Évêque. La 2e brigade prit la tête; à ce moment, la 1re brigade était vivement attaquée en arrière de Sainte-Corneille.

Notre mouvement fut exécuté dans un ordre parfait, malgré les balles qui arrivaient sur nous; mais, afin de protéger notre droite, la 3e division (de Villeneuve) dut se porter en avant de Savigné et commencer un feu très-nourri à 1,500 mètres de nous, dans la direction du château de Touvoie.

Le 15e régiment des mobiles du Calvados, engagé presque tout entier, combattit héroïquement jusqu'au soir, empêchant ainsi l'ennemi de nous poursuivre sur la route de Beaumont-sur-Sarthe.

La 2e division s'arrêta pendant une heure à Savigné-l'Évêque. C'est dans ce bourg que nous eûmes connaissance de la prise du Mans.

Ainsi, malgré nos succès à l'extrême gauche de l'armée,

malgré nos brillants combats, nous avions perdu le fruit de nos efforts.

Pauvre général Chanzy ! combien il dût souffrir, lui si fier de la solidité de son armée les 10 et 11 janvier, lui si intelligent, si brave, si dévoué! Quelle douleur amère pour son cœur !

Notre première pensée fut donnée à notre cher pays, à notre France bien-aimée, et bientôt une sourde rage fit place au désespoir.

Des hommes sans armes, sans sacs, la figure contractée par la peur apparaissaient de tous côtés et répondaient qu'ils appartenaient au 16e corps.

Les mobilisés de Bretagne avaient abandonné la Tuilerie et entraîné les troupes sur leur passage.

On nous disait qu'en cinq minutes, et sans qu'un coup de fusil eût été tiré, le 11, à huit heures du soir, les Prussiens avaient gagné leur bataille de deux jours. Les soldats s'étaient couchés dans les fossés, en travers de la route, et avaient refusé de suivre leur valeureux chef, l'amiral Jauréguiberry.

Nous avons vu de près ces troupes débandées; nous pouvons donc parler de la honte et de la colère ressenties ce jour-là par notre chère et brave mobile de l'Orne.

Nous éprouvions une certaine pitié pour ces soldats malingres, enfants du vice et de l'industrie, qui semblaient n'avoir abandonné leurs armes que parce qu'elles étaient trop lourdes pour leurs bras, mais nous avions l'âme abreuvée de dégoût, lorsque nous apercevions des masses ivres et lâches, fuyant à travers champs et ne voulant plus obéir à la voix des chefs nous étions navrés d'en voir d'autres ne plus posséder aucun sentiment d'honneur ni de patriotisme, et assez éhontés pour répondre à nos reproches : « Ce n'est pas nous qui avons déclaré la guerre, » ou bien : « Nos chefs nous ont trahis! »

Ces réponses étaient si nombreuses que cela ressemblait à un mot d'ordre, et ces soldats qui prétendaient que, n'ayant pas de souliers, ils ne pouvaient se battre, sont allés du Mans à Brest sans s'arrêter.

« Eh bien! Monsieur Gambetta, voilà les résultats de votre proclamation du 1er novembre 1870. »

Mais revenons à notre chère brigade : ceux-là ne se sauvaient pas, Dieu Merci!

A deux heures, le général Jaurès ordonna à la 2e division d'aller coucher à Ballon, pour garder le lendemain le pont de Beaumont, par lequel le 21e corps devait passer la Sarthe.

Le convoi fut placé entre les deux brigades: la 2e était en tête.

Deux compagnies du 2e bataillon de l'Orne commandées par le capitaine de La Molère et le lieutenant de Fontaines éclairaient la colonne. La compagnie des francs-tireurs du Mans, capitaine Demorieux, venait immédiatement après.

La deuxième brigade marchait dans l'ordre suivant :

L'état-major, avec le général Colin, le 2e bataillon de l'Orne; l'artillerie; les 3e, 1re et 4e de l'Orne; le 41e de ligne; le 59e de marche, enfin, l'infanterie de marine.

En passant dans un petit village, à 5 kilomètres de Savigné-l'Évêque, nous rencontrâmes trois compagnies de francs-tireurs d'Angers, commandées par le *citoyen* Beauprêtre, ancien notaire.

Le général Colin voulut, malgré les observations du lieutenant-colonel des Moutis, les placer derrière l'avant-garde.

Notre escadron de cavalerie étant absent, les renseignements erronés des habitants pouvaient seuls nous faire connaître les positions de l'ennemi.

Arrivée vers quatre heures et demie à Courcebœuf, où l'on croyait seulement 25 uhlans, l'avant-garde fut accueillie par une grêle de balles et tint solidement.

Mais les francs-tireurs d'Angers dont le commandant s'était caché derrière un fossé (1), se débandèrent après avoir eu deux officiers blessés, et se précipitèrent sur nous en tirant en l'air.

Le lieutenant-colonel des Moutis fit immédiatement placer une section de 4 en batterie et demander au général à prendre, avec deux bataillons, un chemin qui se trouvait à droite, de manière à attaquer l'ennemi à revers.

Il lui fut répondu que cela n'en valait pas la peine; en même temps, le général de division s'élançait bravement à la tête du 2e bataillon pour enlever le village à la baïonnette; l'ordre fut donné à l'artillerie de ne pas tirer.

Le commandant de la 2e brigade fit passer quelques compagnies par le chemin de droite, avancer les autres bataillons et déployer des tirailleurs à gauche de la route.

Mais les francs-tireurs d'Angers débandés et affolés nous arrêtèrent, au moment où une pluie de balles tuait ou blessait une centaine d'hommes. Le général de division eut ses habits percés en trois endroits et reçut de fortes contusions.

(1) Ce Monsieur, au képi orné de quatre galons, a été dégradé pendant l'armistice, après avoir passé devant la cour martiale.

Pendant ce temps, les deux compagnies de l'Orne et les francs-tireurs du Mans, d'avant-garde, souffraient beaucoup et perdaient leurs officiers; le lieutenant-colonel des Moutis s'élança alors avec les 3e et 1er bataillons de l'Orne : il eut son cheval tué sous lui et reçut en même temps une balle qui, le frappant à l'épaule, le renversa dans un fossé. Le commandant Le Tessier, qui venait d'être nommé chef du 3e bataillon et son adjudant-major, M. Chrétien, furent blessés, le premier d'une balle à la cuisse, le second de trois balles dans le corps. Le capitaine de Boissieu prit alors le commandement du 3e bataillon.

La nuit était venue.

Le sous-lieutenant de Vauvineux, officier d'ordonnance, atteint d'une balle à la tête, fut renversé de cheval et emporté comme mort; ce brave officier n'avait heureusement qu'une contusion.

Enfin, le capitaine Lévy du 41e de ligne s'avança et fut suivi par des compagnies de tous les bataillons de l'Orne. Un instant après, la 2e brigade entra au pas de charge à Courcebœuf, et chassa l'ennemi dans toutes les directions.

Des détachements du 41e de ligne furent envoyés à la poursuite des Prussiens, pendant que le village était fouillé, on fit quelques prisonniers; les Allemands, forts de 1,800 hommes et de six pièces de canon, fuyaient à toutes jambes et ne durent leur salut qu'à l'obscurité arrivée tout-à-fait.

Les habitants de Courcebœuf prétendirent que les Prussiens avaient perdu plus de 500 hommes et s'étaient fusillés les uns les autres, au moment où la nuit tombait.

Les capitaines Lévy, de Boynes et des Plas, les sous-lieutenants de la Rivière et Ragcot, le sergent Pitou et le fourrier Le Pelletier étaient entrés les premiers dans ce village, mais nous avions éprouvé de grandes pertes :

Le capitaine des francs-tireurs manceaux Demorieux, était tué.

Le général Colin, commandant la 2e division,

Le lieutenant-colonel des Moutis, commandant la 2e brigade,

Le chef de bataillon Le Tessier (3e bataillon),

Le capitaine de La Molère (2e bataillon),

Le capitaine de Foulques (2e bataillon),

Deux capitaines de francs-tireurs (d'Angers),

Le lieutenant Chrétien (3e bataillon),

Le sous-lieutenant de Vauvineux (4e bataillon) étaient blessés ou contusionnés.

160 mobiles de l'Orne étaient tués ou blessés (1).

Le passage de la 2e division venait d'être assuré, avec peine, il est vrai ; mais on doit bien se pénétrer qu'une attaque de nuit est toujours terrible et souvent sans résultat, même avec les troupes les plus aguerries. A sept heures, nous continuâmes notre marche sur Ballon, où le bivouac fut établi à minuit.

Nous étions tous brisés de fatigue par trois jours de combats et deux marches de nuit; de plus, personne n'avait eu le temps de manger.

(1) Nous ne pouvons trop citer le dévouement du docteur Libert, chirurgien du 1er bataillon, qui, en cette circonstance et pendant toute la campagne, nous a rendu les plus grands services.

Son mérite et la campagne faite volontairement, lui ont valu la croix de la Légion d'honneur.

Note de l'auteur.

CHAPITRE DIXIÈME

Retraite du 21e Corps d'armée

Le treize janvier, le 4e bataillon de l'Orne et le 59e de marche prirent à six heures du matin la grand'garde en avant de Beaumont-sur-Sarthe.

La 2e brigade arriva devant cette ville à dix heures du soir, et resta debout toute la nuit sur la route couverte de quarante centimètres de neige. Le lendemain quatorze, nous partions à cinq heures du matin, par le pont de fer que les mobilisés de la Mayenne gardaient et avaient l'ordre de faire sauter, lorsque le moment serait venu. *(Cet ordre n'a pas été exécuté).*

La 1re brigade avait soutenu le treize un combat d'arrière-garde à Souligné-sous-Ballon et avait arrêté l'ennemi.

Le quatorze, après une nuit effroyable, soixante-douze heures de marche, de combats sans aucun repos et par une neige affreuse, la 2e division arrivait à Ségrie, vers dix heures du matin.

Nous devons ici faire connaître aux mobiles de l'Orne les ordres du jour et appréciations des Généraux sur notre conduite devant le Mans.

Ordre du général en chef (Chanzy)

« *Le général en chef est heureux d'exprimer toute sa satisfaction au général Jaurès, pour la façon dont il a conduit, pendant les journées des onze et douze janvier, sa retraite rendue difficile par la dispersion de ses divisions, les distances à parcourir et les combats à livrer. Il félicite également les troupes du 21e corps qui dans cette opération, ont fait preuve d'ordre, de discipline, de ténacité et de vigueur, alors que se produisaient dans certaines parties de l'armée, les défaillances qui ont amené la retraite du Mans, au moment où nous avions les meilleures chances pour battre l'ennemi.* »

Signé : Chanzy.

Ordre du général, commandant le 21e corps

Le général commandant en chef le 21e corps et les forces de Bretagne, est heureux de porter à la connaissance des troupes placées sous son commandement, les éloges si flatteurs que le général Chanzy à daigné leur adresser. Cette récompense de nos efforts sera pour tous, un premier encouragement à continuer à bien faire, et j'espère que le 21e corps, qui n'a jamais été entamé, continuera à montrer de l'ordre dans les marches, de la fermeté devant l'ennemi.

Quartier général de Sillé-le-Guillaume.

Le 13 *janvier* 1871.

Signé : Jaurès.

A son tour le général Gougeard en racontant la bataille du Mans, s'exprime ainsi : « La division Colin *(2e du 21e corps)* soutint le choc, pendant ces journées, avec un admirable sang-froid. »

Nous apprenions aussi le 14, que par décret du 9 janvier 1871, les récompenses promises à Lorges, les 8, 9 et 10 décembre 1870, venaient d'arriver :

GARDE MOBILE DE L'ORNE

OFFICIERS DE LA LÉGION D'HONNEUR

MM. Des Moutis, lieutenant-colonel des mobiles de l'Orne, commandant la 2e brigade de la 2e division.
Guiot, chef du 3e bataillon de l'Orne.

CHEVALIERS

MM. De Montaigu, chef du 1er bataillon de l'Orne.
Mazier, chef du 2e bataillon de l'Orne.
De Boynes, capitaine au 4e bataillon de l'Orne.

Le général de division Colin, garda le commandement direct de la 2e brigade pendant l'absence forcée du lieutenant-colonel des Moutis, blessé et incapable de faire son service pendant quelques jours.

Le 14 janvier dans la journée, la 2e division reçut l'ordre de se porter sur Montreuil-le-Chétif, mais pendant la nuit suivante, elle dut se rabattre par des chemins affreux sur Sillé-le-Guillaume, où elle passa la journée du 15, sans combattre.

Le 16, cette division coucha à Bais et arriva le 17 à Mayenne; prenant la gauche du corps d'armée, elle se cantonna dans de pauvres maisons jusqu'à Ambrières, où le lieutenant-colonel des Moutis vint reprendre son commandement le 20 janvier.

Si le 21e corps méritait des éloges pendant cette seconde compagne, la 2e division devait en avoir sa large part; engagée en toute occasion, elle avait toujours heureusement combattu, et eût été citée sans doute, si certaines rivalités ne lui avaient été défavorables en haut lieu.

Le régiment des mobiles de l'Orne avait payé sa dette à la patrie, par la perte d'un grand nombre d'officiers, et plus de deux mille soldats; il pouvait revendiquer l'honneur d'avoir repoussé les Prussiens dans les six grands combats ou batailles, soutenus par lui au 21e corps, et dans lesquels il a pris une part active et glorieuse.

C'est qu'aussi les officiers étaient dignes et heureusement choisis; presque tous ont trouvé l'occasion de montrer un courage au dessus de tout éloge; leur constance dans les fatigues, et leur volonté de rester malgré des souffrances atroces, à la tête de leurs troupes, leur ont acquis l'estime générale.

Nos soldats intelligents et froids puisaient dans leur religion et dans le sentiment du devoir, la force de faire à la France le sacrifice de leur bien-être et de leur existence.

Habitué à l'obéissance passive et au respect dû aux officiers, ce beau régiment ne pensait jamais à s'étourdir en chantant « *la Marseillaise* » ; tous abordaient le danger avec le cœur ferme, passaient silencieux et résignés, comme des hommes auxquels la confiance en Dieu et le sentiment de l'honneur, font mépriser la mort.

Pendant ces trois mois de combats, le 49e mobiles de l'Orne a eu :

3 Officiers tués.

20 Officiers blessés.

450 Sous-officiers ou soldats tués.

945 id. id. id. blessés.

950 disparus, prisonniers ou malades aux hopitaux.

CHAPITRE ONZIÈME

Armistice

Les mobiles de l'Orne, tout en gardant leurs positions derrière la Mayenne, parvinrent à se réhabiller tant bien que mal, et la santé générale se maintint assez bonne, grâce à des exercices journaliers et aux visites des familles accourues du département de l'Orne, pour serrer dans leurs bras ceux qui leur étaient chers.

L'armistice fut accueilli dans nos rangs avec résignation.

La France était perdue depuis longtemps, chacun savait qu'on ne se battait que pour sauver l'honneur de la patrie.

La ruine totale du pays eût été le résultat de la prolongation irréfléchie et impolitique de la guerre.

Cependant, nos mobiles dont la bravoure était connue partirent, comme toujours, sans murmurer, pour le sud de la Loire.

Le 12 février, nous quittions Ambrières et nous arrivions le 22 à Loudun où une position stratégique importante fut confiée à la deuxième division.

Le 26, à midi, nos petits postes et grand'gardes se portèrent au-devant de l'ennemi, mais à minuit, l'ordre fut donné de se retirer dans les cantonnements.

Le prolongement de l'armistice indiquant clairement que la paix serait signée prochainement, la 2e brigade descendit sur Poitiers et s'établit à la Tricherie ; nous y recevions, le 7 mars, l'ordre du licenciement de la deuxième armée de la Loire et le texte de la lettre adressée par le ministre de la guerre au général en chef Chanzy :

« *Dites à votre brave armée, officiers de tous grades et soldats, que je les remercie au nom du pays tout entier de leur courage et de leur patriotisme ; si la France avait pu être sauvée, elle l'eût été par eux ; la fortune ne l'a pas voulu.* »

En faisant part de ce témoignage venu d'en haut, le général Chanzy ajoutait :

« *Vous pouvez être fiers d'avoir fait partie de la deuxième armée de la Loire dont les efforts, s'ils n'ont pas abouti au succès que vous avez poursuivi avec tant d'opiniâtreté, ne resteront pas sans gloire pour le pays dont ils ont contribué à sauver l'honneur.*

« *Vous avez tenu tête aux armées les plus nombreuses et les mieux commandées de l'Allemagne : l'histoire racontera ce que vous avez fait et l'ennemi s'honorera en vous rendant justice.*

« *Vous allez rejoindre vos foyers : conservez inébranlable votre dévouement au pays ; restez, quoi qu'il arrive, les défenseurs de l'ordre. Quant à moi, mon plus grand honneur est de vous avoir commandés, mon plus vif désir est de me retrouver avec vous chaque fois qu'il s'agira de servir la France.*

« Le général en chef,

« *Signé :* CHANZY. »

En même temps, le ministre de la guerre adressait aux gardes mobiles la proclamation suivante :

« *Depuis six mois d'une campagne laborieuse où vos courages ont été à la hauteur de tous les sacrifices qui vous étaient imposés, vous allez rentrer dans vos familles justement fières de vous. Vous y porterez la consolation que donne le sentiment d'un devoir noblement accompli. La fortune a trahi vos efforts, mais vous avez sauvé l'honneur de la patrie et un jour viendra, pas trop éloigné, je l'espère, où il vous sera donné de lui rendre, à force d'énergie et de dévouement, toute sa grandeur passée. — Soyez-en sûrs, rien, ni personne ne saurait arrêter longtemps les destinées providentielles de notre nation.*

« *Courage donc, patience et patriotisme!*

« *Général* LE FLO. »

Enfin, il appartenait au commandant du 21e corps de faire aussi ses adieux aux troupes placées sous ses ordres :

« *Officiers, sous-officiers et soldats,*

« *Un décret du Chef du pouvoir exécutif dissout la deuxième armée. Avant de me séparer des troupes du 21e corps, je dois leur exprimer toute ma satisfaction pour le dévouement, la discipline et la solidité dont elles ont constamment fait preuve.*

« *Organisés en quelques jours, vous avez, dès votre sortie du Mans, marché comme de vieilles troupes, et à vos premiers combats de Saint-Laurent-des-Bois, de Poisly et de Lorges, vous vous êtes montrés inébranlables au feu.*

« *Depuis lors, à Fréteval, à Morée, à Montfort, à Lombron et à Savigné-l'Évêque, vous avez toujours vigoureusement repoussé l'ennemi, et jamais le 21e corps n'a quitté ses positions que par ordre et pour suivre un mouvement général.*

« *A Sillé-le-Guillaume, après une retraite de 50 kilomètres dans la neige, vous vous retourniez pour faire face à l'ennemi, et vous le rejetiez au delà de Crissé, en lui infligeant des pertes considérables.*

« *Partout, vous vous êtes bien conduits.*

« *Si vos efforts n'ont malheureusement pas suffi pour assurer le salut de notre chère patrie, ce ne sera pas sans fierté que chacun de vous pourra dire :* « *J'étais du 21e corps et j'ai fait mon devoir!* »

« *Un jour, s'il plaît à Dieu, la France, aujourd'hui épuisée, recouvrera ses forces et sa puissance, et il vous sera donné de venger le passé.*

« *Puissè-je alors me retrouver au milieu de vous, — Vive la France!*

« *Le commandant en chef du 21e corps,*

« *Signé* : JAURÈS. »

Après tant d'éloges mérités par le 21e corps et donnés à des troupes en grande partie composées de gardes mobiles, il nous sera permis de relever une expression venant d'un homme célèbre dont les paroles appartiennent souvent à l'histoire.

Dans l'enquête ordonnée par la Chambre des députés sur les causes de l'insurrection du 18 mars 1871, nous lisons la déposition de M. Thiers, ainsi conçue :

« *Nous n'avions que 20,000 hommes, les mobiles ne valaient pas grand chose ou étaient fatigués, etc.* »

Le fait suivant va répondre lui-même à l'honorable M. Thiers.

L'ordre de désarmer les régiments de gardes mobiles licenciés avait produit un effet déplorable : ces hommes croyaient avoir le droit de rentrer chez eux avec les armes dont ils s'étaient loyalement et bravement servi ; leur patriotisme supporta avec résignation ce dernier sacrifice.

Le 17, à notre passage à Châtellerault, le 49e mobiles de l'Orne déposa ses fusils et continua sa marche sur Tours, où il arrivait le 19 mars à midi.

A huit heures du soir, le lieutenant-colonel des Moutis, qui avait repris le commandement de son régiment reçut la lettre suivante :

« *Tours*, 19 *mars* 1871.

« *Mon cher Colonel,*

« *J'ai beaucoup entendu parler de la valeur de votre excellent régiment ; vous connaissez les affreux événements de Paris ; je n'ai ici que des jeunes soldats n'ayant pas vu le feu : pourriez-vous,* malgré le licenciement *de vos troupes, me donner pour quelques jours 500 hommes sur lesquels je puisse compter.*

« *Recevez, etc.*

« *Le général commandant la 18e division militaire,*

« *Signé :* DE JANCIGNY. »

Le lieutenant-colonel des Moutis se rendit aussitôt chez le général de division et « l'assura que, quoique désireux de revoir leurs familles, les mobiles de l'Orne ne connaissaient qu'un chemin : celui de l'honneur, et que 745 hommes seraient le lendemain matin à sa disposition. »

En effet, le 20 mars, tandis que les trois premiers bataillons de l'Orne quittaient Tours et continuaient leur route sur Alençon, le 4e bataillon, commandé par M. de la Ferronnays, prenait son casernement au grand quartier de cavalerie : à onze heures, nos braves mobiles échangeaient *leurs bâtons contre des chassepots* et étaient décidés à combattre vigoureusement les bandits révolutionnaires.

Le service d'honneur fut donné à ce bataillon : la garde chez le général, d'abord, puis le poste à la gare du chemin de fer, où l'on était souvent obligé de terrasser et d'enlever les mauvais soldats fuyant de Paris arrivant par tous les trains, déguenillés, sans armes, ivres et l'injure aux lèvres.

Les habitants de Tours regardaient avec sympathie nos mobiles de l'Orne, dont le maintien paraissait encore plus digne et plus sévère devant ces ignobles scènes. Eux étaient modestement fiers d'avoir rempli encore une fois leur devoir, et la tenue de ces braves jeunes gens était donnée comme modèle à suivre aux soldats de la garnison.

Le général nous envoya cet ordre du jour :

18e division militaire. — *Etat-major.* — n° 69.

Tours, le 20 mars 1871.

Ordre de la 18e division militaire.

Le général commandant la 18e division militaire tient à témoigner sa satisfaction et à adresser ses remercîments, par la voie de l'Ordre, à Messieurs les officiers, aux sous-officiers et soldats du 4e bataillon des gardes mobiles de l'Orne qui, après avoir dépassé le terme de leur service, viennent de donner une nouvelle preuve de leur abnégation et de leur patriotisme, en demeurant sous les armes à Tours pour y maintenir l'ordre, dans un moment où il est confié à la garde de tous les bons citoyens.

Il adresse tout particulièrement ses félicitations à M. le colonel des Moutis, qui s'est mis spontanément à sa disposition et demeure à la tête de ce bataillon commandé par M. de la Ferronnays.

Le général,

Signé : DE JANCIGNY.

L'ordre n'étant nullement troublé à Tours, le lieutenant-colonel des Moutis, désireux d'assister à la rentrée des trois premiers bataillons à Alençon et de faire ses adieux à ses braves compagnons d'armes, revint le 26 mars pour présenter, avant le licenciement, les officiers de son régiment au général de Malherbe qui, pendant toute la campagne, avait pris tant d'intérêt à tout ce qui nous concernait.

Le 1er avril, le 4e bataillon fut transporté en chemin de fer jusqu'à Nogent-le-Rotrou où il prit enfin la route de Mortagne pour rentrer dans ses foyers.

Le 27 novembre 1870, l'effectif du 49e régiment était de 4,703 hommes.

Le 26 mars 1871, ils rentraient dans l'Orne au nombre de 2,327.

Soldats improvisés, nous avons appris aux Prussiens que les Normands ne sont pas dégénérés. Si la fortune a trahi la France, nous pouvons au moins garder la consolation suprême d'avoir lutté énergiquement, et si nos efforts n'ont pas servi à la délivrance de la patrie, nous devons croire que, pour les gardes mobiles de l'Orne, l'honneur est sauf.

Le 1er mai 1872.

Charles DES MOUTIS,

Château de la Forêt-Auvray

par Putanges (Orne).

ADIEUX DU LIEUTENANT-COLONEL

AU 49e RÉGIMENT DES MOBILES DE L'ORNE

—

Ordre

MES CHERS CAMARADES,

Avant de nous séparer pour longtemps sans doute, je tiens à vous faire mes adieux, à vous remercier de votre vaillance et de votre discipline.

Malgré les revers de l'armée, vous pouvez être fiers de votre campagne, car peu de troupes ont aussi bien résisté que vous.

Lorsque vous serez dans vos foyers, donnez souvent une pensée à ceux qui ont partagé vos cruelles misères; racontez à vos enfants les dangers que vous avez si bravement affrontés; c'est ainsi que les vieux soldats forment les nouveaux.

Dites-leur que la vie militaire fait naître le courage, et que mériter l'estime publique est le plus grand bonheur qu'on puisse désirer.

Enfin, avec le sentiment du devoir accompli, qui doit vous rester comme la plus douce récompense de vos bons et loyaux services, emportez dans vos familles, le souvenir des malheurs dont vous avez vu l'implacable ennemi accabler votre chère Patrie, gardez-lui surtout cette haine noble et sainte, qui un jour, il faut le croire, nous réunira sous le même drapeau, et nous fera cette fois retrouver la victoire.

27 Mars 1871.

Votre lieutenant-colonel.

Charles DES MOUTIS.

ODYSSÉE

Avant de terminer ce livre, il nous semble juste de faire connaitre à tous, la noble part que d'autres enfants de l'Orne, ont aussi prise à la guerre de 1870-1871, et de donner les détails d'un combat homérique, soutenu le 17 novembre à Berchères, par les francs-tireurs de l'Iton.

Cette compagnie formée à Moulins-la-Marche sous l'impulsion du conseiller général de ce canton, M. des Moutis de Boisgautier, fut commandée et organisée par le capitaine Houdellière, ingenieur civil, demeurant aux Genettes.

Après avoir pris part au combat de Cherisy le 12 novembre, les francs-tireurs de l'Iton, forts de trois officiers et de vingt-sept hommes, furent envoyés en reconnaissance très-avancée du côté de Bû, afin de connaître ce qui se passait dans le camp prussien établi à Gressy.

Arrivée à Anet le 16 novembre, cette compagnie prit un guide, passa par Rouvres, Saint-Ouen-Marchefrai, et alla se poster le 17 sur les hauteurs de Berchères, dans un petit bois d'où l'on pouvait voir les mouvements de l'ennemi.

Le capitaine Houdellière aperçut alors, de l'autre côté de la Vallée, un grand taillis dont la possession lui assurait celle d'un moulin à vent d'où il serait plus facile de découvrir le camp allemand, ainsi que les côteaux de Saint-Lubin où les Prussiens étaient en grand nombre.

Ce bois lui donnait aussi une retraite assurée par la chaussée d'Ivry où il savait touver des renforts en cas de besoin.

Vers deux heures, nos francs-tireurs choisirent pour point d'attaque, un fourré dans lequel il y avait une carrière de grès, pouvant les mettre à l'abri contre la cavalerie et présenter un obstacle aux mouvements de l'infanterie.

Pendant que les hommes prenaient un peu de repos, le capitaine Houdellière explora les environs, de manière à étudier le plan d'une attaque qu'il projetait pour la nuit suivante.

Le camp prussien était sans cesse harcelé par des paysans et des mobiles; les vedettes venaient de rentrer lorsque six coups de canon se firent entendre.

C'était le signal d'une sortie des Allemands contre les troupes voisines trop entreprenantes ; d'importants renforts leur arrivaient à ce moment de Saint-Germain, sans doute pour une attaque sur Dreux.

Le capitaine Houdellière s'aperçut qu'un escadron de uhlans suivait le pied du mamelon occupé par sa compagnie, pendant que mille ou douze cents fantassins s'avançaient parallèlement le long du bois, pour y cerner les mobiles. Ceux-ci s'étaient repliés et avaient entrainé les francs-tireurs de l'Iton, afin d'être en force pour couper les uhlans qui se trouvaient à 100 mètres d'eux.

La troupe française fut bientôt entourée par une masse considérable d'ennemis dont le feu heureusement plus vif que meurtrier, ne lui laissa d'autre alternative que de mourir ou de se défendre avec l'énergie du désespoir.

Le lieutenant Vivier des francs-tireurs qui, comme son capitaine était parti en exploration, put heureusement rentrer assez à temps pour se jeter à leur tête et les soutenir de son exemple.

Les mobiles étaient parvenus à se retirer dès le début; mais nos malheureux compatriotes qui ne les avaient pas suivis, ne restèrent plus alors que vingt-sept pour tenir tête à 2,000 hommes.

Il est impossible d'écrire ce que ces volontaires ont déployé de courage et quels prodiges de valeur ils ont faits dans cette circonstance.

Cernés, ils ne leur restait pour éviter l'infanterie, que de se lancer contre la cavalerie; pendant trois grands quarts-d'heure, couchés derrière quelques mottes de terre ou de maigres broussailles, ils ont soutenu sans reculer, *douze charges successives de uhlans*, combattant corps à corps, ne tirant qu'à bout portant et à coup sûr. Cependant les blessés devenaient nombreux et toute la 1re escouade commandée par le sergent Leriche était anéantie, pendant qu'aidé du sergent-major Renard dont le danger doublait l'audace, le lieutenant Vivier maintenait ses hommes et résistait à chaque charge des Prussiens.

Un colonel bavarois s'élança alors sabre levé sur le lieutenant; celui-ci armé d'un chassepot, laissa l'ennemi s'approcher à dix pas et le coucha en joue : le colonel voulut faire volte-face, mais il tomba foudroyé; c'était le troisième Allemand tué par M. Vivier.

Malheureusement dans cet instant, cet officier recevait une balle dans le genou et était fait prisonnier. (1)

Pendant ce temps, le capitaine Houdellière essayait deux fois, mais vainement, de traverser la colonne d'infanterie prussienne, afin de rejoindre sa troupe ; il fut aperçu par deux compagnies qui firent sur lui, à 200 pas, trois feux de peloton sans le toucher.

Ce brave capitaine se tourna vers ses cruels ennemis, les salua du sabre et subit leur feu, puis sauta dans un bois où il fut traqué pendant vingt minutes. Deux fois leur chien faillit découvrir M. Houdellière qui put enfin gagner le champ de bataille sur lequel il n'y avait plus que des blessés.

Se couvrant d'un pli de terrain, il les dirigea en toute hâte, sur un petit village où quelques Prussiens le suivirent. Ceux-ci rebroussèrent chemin après avoir eu un des leurs tué d'un coup de fusil.

Les 27 francs-tireurs de l'Iton avaient bravement payé leur dette à la patrie, et perdu dans cette journée 4 tués et 18 blessés ; dont 3 sont morts de leurs blessures.

Ces blessures formaient un total incroyable de :

98 coups de lance,
16 coups de sabre,
3 coups de feu.

(1) Le lieutenant Vivier a été conduit à Richebourg, où le général allemand le complimenta et le fit diriger sur Versailles. — Un wagon-lit le transporta à Berlin ; cet officier fut admis à l'ambulance de la reine Augusta.

Nous donnons ici les noms de ces vaillants volontaires :

MM. Vivier (Alfred), lieutenant, blessé au genou.

Renard (Ferrand), sergent-major, 12 coups de lance, 1 coup de sabre.

Leriche (Pierre), sergent, 3 coups de sabre, le bras droit coupé.

Deulet (Léon), caporal, 9 coups de lance.

Fouilleul (François), caporal, mort de ses blessures.

Chekerski (Jules), caporal, blessé à la jambe.

Baleur (Philibert), soldat, tué.

Blavette (Jules), soldat, 8 coups de lance, 1 coup de sabre.

Bouard (Victor), soldat, 5 coups de lance, 1 coup de sabre, 1 coup de feu.

Clain (Constant), soldat, 5 coups de lance.

Desclos (Léon), soldat, 4 coups de lance.

Gallois (Félicien), soldat, 6 coups de lance, perte d'un œil.

Gérard (Constant), soldat, tué.

Lair (François), soldat, blessé.

Leclerc (Dumaine), soldat, blessé.

Marais (Isidore), soldat, 15 coups de lance.

Marais (Victor), soldat, 12 coups de lance, 1 coup de sabre.

Michel (Couture), soldat, 7 coups de lance, 4 coups de sabre.

Lelièvre (Eugène), soldat, 13 coups de lance, œil gauche perdu.

MM. Quellier (Ulysse), soldat, tué.
Chervel (Désiré), soldat, 3 coups de lance.
Pâris (Louis), soldat, 3 coups de lance.
Hoppé (Alexandre), soldat, tué.
Bouche (Danien), soldat, tué.

Le nombre de ces blessures montrera avec quelle rage les Prussiens s'étaient rués sur nos pauvres francs-tireurs, qui en déployant une grande bravoure, ont su non seulement se défendre, mais encore faire éprouver à nos ennemis des pertes considérables.

Le capitaine Houdellière a vu cinq charrettes chargées de soixante-douze Allemands morts, et de leur rapport officiel, il résulte que, dans la journée du dix-sept novembre à Berchères, les Prussiens ont eu :

35 blessés,
et 82 tués, dont 5 officiers,

TOTAL... 117

Honneur aux 27 braves francs-tireurs de l'Iton (*Orne*) et à leurs valeureux chefs.

Récompenses accordées par décret du 16 novembre 1871.

MM. Vivier, lieutenant, chevalier de la légion-d'honneur.
Renard, sergent-major, médaille-militaire.
Leriche, sergent, id.
Deulet, caporal, id.

MM. Chekerski, caporal, id.
Lelièvre, soldat, id.
Marais, soldat, id.
Michel dit Couture, soldat, id.
Blavette, soldat, id.

CONCLUSION

En prenant la tâche délicate d'écrire cette histoire, nous avons compté sur l'indulgence de nos lecteurs; nous leur rappelons que cet ouvrage n'est pas un roman, mais seulement le récit d'un soldat.

Nous avons dû, devant les malheurs de la France, rester strictement exact, afin de ne pas encourir le reproche d'avoir exalté nos combats.

Dans cette campagne, nos efforts ont été inutiles, il est vrai; mais, pour notre consolation, nous devons dire que les mobiles de l'Orne n'ont pris aucune part aux tristes défaillances que tout le monde connaît.

Si notre département a eu en tous temps la gloire de fournir à la patrie des officiers qui ont atteint dans l'armée les plus hauts grades et la meilleure renommée, pendant cette dernière guerre, nous avons pu aussi constater que la très-grande partie de nos soldats d'un jour avaient un noble cœur (1).

(1) L'auteur serait blâmable, s'il n'avait pas le courage d'avouer que 150 hommes à peu près, appartenant à la garde mobile, ont eu la faiblesse d'abandonner leurs compatriotes, sans motifs acceptables et par conséquent de déserter devant l'ennemi.

Leur crime serait assez puni si les braves, remplaçant eux-mêmes la justice, chassaient des réunions publiques ceux qui ont ainsi forfait à l'honneur.

Les mobiles de l'Orne, quoique surpris sans doute au début par la rudesse du commandement, se sont promptement pliés à la discipline; placés devant l'ennemi aussitôt leur armement terminé, ils ont alors compris que de l'obéissance passive dépendaient leur existence et le résultat des combats.

Ceux qui ont donné à la défense du pays tout ce qu'un être humain possède de force, de courage et d'intelligence, ont certainement le désir de connaître les causes de la stérilité de leurs efforts.

Au moment où les gardes mobiles ont été envoyés au-devant des armées allemandes, ils ont eu soudain deux ennemis sur les bras :

Les Prussiens et la Révolution!

La France avait alors besoin d'ordre et de recueillement pour ne pas succomber en un instant. Mais, hélas! les révolutionnaires, sans pitié, n'ont pas craint d'assumer la responsabilité des désastres que leur ambition allait produire.

En effet, les nations arrivées à l'apogée de leur gloire ou de leur fortune, semblent être fatalement marquées pour la décadence : les hommes, ou par soif des plaisirs ou par indifférence, oublient alors leur origine, leurs devoirs et les principes sur lesquels repose une forte société.

Lorsqu'on étudie les causes de la chute de l'empire romain et celles de l'asservissement de la Pologne par Catherine II, de Russie, on trouve tout tracés les événements qui nous ont assaillis en 1870, ainsi que ceux dont nous paraissons menacés dans l'avenir.

Depuis 1789, la France a chassé ses rois. Maintenant, elle

erre à l'aventure et ressemble à un vaisseau ayant ses voiles déployées, mais dont le gouvernail est brisé.

Après chaque nouvelle révolution, la nation sentant quand même l'impérieux besoin d'être gouvernée cherche, sans pouvoir le trouver, un nouveau maître qui lui donne la sécurité. Elle voit qu'elle n'est plus dans le vrai, puisqu'elle peut tomber chaque jour entre les mains du *premier aventurier venu*, et, par nonchalance, par entêtement, peut-être par ignorance, elle se laisse précipiter dans le gouffre, parce que les principes sont faussés et les rôles intervertis; les vaniteux ont pris la place des hommes savants et sérieux; les paresseux et les comédiens de toute sorte ont fait cause commune avec les avocats sans clients, les médecins sans malades, les batteleurs, les faillis, et ont monté ensemble la mascarade politique dont les simples et les dupes auront la carte à payer. Voilà la république de 1870! gouvernement incapable, ne sachant qu'embrouiller sans rien créer, et cela au moment de l'envahissement des Prussiens, alors que les hommes de cœur, méprisant ces révolutionnaires vulgaires, acceptaient cependant leur autorité sans mandat et oubliaient leurs opinions politiques, pour ne songer qu'à la pauvre France désespérée.

Nous avions à ce moment besoin de toutes les capacités et de tous les dévouements : les hommes du 4 septembre 1870, commençant leur règne par la violence, ont alors fait main-basse sur toutes les places lucratives et le destin a permis que les sceptiques, les railleurs et les déclassés pussent chasser de leurs siéges les magistrats intègres, de leurs fonctions les administrateurs rompus aux affaires, de leurs églises et de leurs cloîtres les prêtres et les sœurs de charité.

Cette bande rapace et inepte a gaspillé nos millions, a attiré sur nous la haine de l'Europe, et notre prétendu sauveur, le dictateur Gambetta, ministre de l'intérieur et de la guerre, après avoir mis en prison les maires et les journalistes, cassé les municipalités et les conseils généraux nommés par le peuple, a osé prendre en Italie un général pour nous commander.

Quel était notre crime, à nous, soldats français, pour que cet homme nous jetât ainsi de la boue à la face? — Garibaldi, général français pendant trois mois! Garibaldi, collègue des d'Aurelle de Paladines, des Chanzy et des Jauréguiberry!

Garibaldi ! notre ancien ennemi, l'adversaire de nos soldats en 1849 et de la France en 1860. Ah! c'est trop de honte!

Bonnes gens, qui voulez encore la République et qui nous menez *à la sociale*, vous prenez le cuivre pour de l'or et vous demandez pourquoi nous avons été vaincus et ruinés!

De ce cahos et de cette tragédie, que pouvait-il sortir?

De ces héros empanachés, de ces vaniteux évitant les balles, de ces phraseurs interdits par le bruit d'un boulet, que pouviez-vous attendre?

Nous nous adressons à vous tous, soldats et citoyens qui aimez la France, à vous, travailleurs qui, chaque jour, arrosez la terre de vos sueurs, à vous, pères de famille économes et sérieux, nous disons :

Montrez à ceux qui nous perdent et nous feraient périr, que vous ne voulez plus être leurs dupes. Chassez leurs noms de votre mémoire, afin qu'un jour nous ne devenions pas *esclaves de l'étranger*.

Souvenez-vous de vos frères de l'Alsace et de la Lorraine : pensez que plus tard il faudra courir à leur délivrance. Sachez enfin que, pour être une nation virile et forte, il est nécessaire d'aimer son Dieu et son Roi, que là seul est le salut.

Ah ! veillez et préparez l'avenir.

Et quand, au jour de la vengeance, vos enfants prendront les armes, l'ancien colonel des mobiles ira voir encore si les jeunes soldats de l'Orne sont aussi braves que l'ont été leurs pères !

Charles DES MOUTIS.

APPENDICE

TRADUCTION

Des ordres du jour prussiens, des 19, 20 et 21 novembre 1870, relatifs aux combats de Bretoncelles et de la Fourche, trouvés sur un officier de l'état-major prussien, fait prisonnier.

N° 1.

Ordre du jour Prussien du 19 novembre 1870.

Les nouvelles arrivées aujourd'hui me confirment dans l'idée que les troupes placées devant nous, tant troupes de ligne que mobiles, appartiennent à l'armée de l'Ouest. Le mouvement en arrière opéré par elles, après le combat qu'elles ont soutenu hier contre la 22e division, fait supposer que le Mans est le quartier général de cette armée.

S. A. R. le Grand-Duc étant décidé à continuer la marche en avant, donne les ordres suivants :

La 5e division de cavalerie conservera les cantonnements qu'elle a occupés jusqu'à présent, mais elle détachera un régiment de cavalerie pour marcher sur Verneuil, pour éclairer le pays dans la direction de l'Ouest et du Nord.

La 17e division d'infanterie marchera sur Senonches et établira ses cantonnements dans le pays.

Départ à sept heures du matin.

La 22e division d'infanterie ira de Digny à la Loupe, et établira ses cantonnements dans le pays ; un régiment de cavalerie de la 6e division s'y portera aussi.

Le corps d'armée bavarois partira à huit heures et établira ses cantonnements, une division à Orzelles une autre à Forzières.

L'ordre concernant l'occupation de ces cantonnements sera réglé par le mouvement en avant de la 22e division.

Les trains et bagages resteront en arrière, à Châteauneuf.

La 6e division de cavalerie sera soutenue par un régiment d'infanterie bavaroise, et par une batterie d'artillerie ; ces forces se concentreront à huit heures à Rouvray.

La division avec ces détachements partira de Rouvray, et gagnera Courville, les Corvées, les Yés et poussera ses reconnaissances sur Nogent-le-Rotrou.

La 4e division de cavalerie restera provisoirement dans ses cantonnements, mais aura soin de serrer de près l'ennemi et observera ses mouvements.

S. A. R. le Grand-Duc se rendra à 9 heures à Digny, le quartier général y sera établi ; un bataillon du corps bavarois occupera cette localité.

Pour traduction conforme.

Le chef d'état-major de la 1re division du 21e corps,

Signé : Du May.

Ordre du jour, des 20 et 21 novembre 1870.

20 novembre.

S. A. R. le Grand-Duc de Mécklembourg aux troupes placées sous ses ordres.

L'ennemi n'a opposé nulle part une résistance sérieuse, même les détachements qui venaient hier de la Loire dans la direction de Chartres.

Il est dans les intentions de S. A. R. de poursuivre l'attaque dans la direction de *(ce mot est laissé en blanc)*.

La 17e division d'infanterie ira de Senonches à la Madeleine-Bouvet, son quartier général sera établi dans cette localité.

La 22e division d'infanterie ira par Bretoncelles à Condeau, son quartier général y sera établi.

Le 1er corps d'armée bavarois, marchera en deux colonnes, l'une sur Champrond, Montlandon-la-Hulière et se rendra sur la route de Nogent-le-Rotrou et la Loupe, faisant front sur la ligne de Condé-sur-Huisne et de Condeau ; l'autre par Combres sur Thiron-Gardais, et enverra son avant-garde dans la direction de Nogent-le-Rotrou.

La 6e division de cavalerie marchera par Happonvilliers et Chassant, au delà de la Croix-du-Perche et occupera la route de Nogent-le-Rotrou à Brou.

Un de ses bataillons sera détaché sur Illiers.

La 4e division de cavalerie ira dans la direction d'Illiers et les environs et détachera autant que possible des éclaireurs sur Brou. Cette division gardera la route de Chartres à Versailles et éclairera autant que possible vers le sud.

La 5e division de cavalerie gardera Evreux et observera le chemin de fer de ce côté, ils l'occuperaient éventuellement.

Tous les corps de réserve se mettront en marche à sept heures du matin. S. A. R. se portera à huit heures du matin sur la Loupe qui doit-être occupée par le 7e bataillon bavarois.

21 novembre.

L'ennemi qui s'était opposé à la marche d'aujourd'hui, a été rejeté partout et s'est retiré dans la direction de Nogent-le-Rotrou. Des renseignements venus de différents côtés, s'accordent à dire qu'on a fait des retranchements dans cette direction. Il faut donc admettre que l'ennemi est décidé à faire une résistance sérieuse. S. A. R. a l'intention de l'attaquer et décide en conséquence:

Le 17e corps d'infanterie s'avancera jusqu'à *(mot laissé en blanc)* et enverra son avant-garde dans la direction de Bellême, et y attendra des ordres ultérieurs.

La 22e division d'infanterie se placera sur la rive droite de la rivière, *(l'Huisne probablement)* en face de Nogent-le-Rotrou, s'avancera sur cette ville et l'attaquera par l'Ouest.

Le 1er corps bavarois s'avancera sur Nogent-le Rotrou, et attaquera la ville en l'enveloppant par l'Est.

La 6e division de cavalerie se replacera sur la route de Nogent-le-Rotrou à Brou, et enverra un détachement sur la route de Nogent à la Ferté-Bernard, pour empêcher la jonction de l'ennemi. Le général de Schmitt indiquera la direction que devront prendre les détachements.

La 4e division de cavalerie gardera la route de Chartres et de Versailles, occupera Bonneval et cherchera à opérer sa jonction avec la 2e division de cavalerie près de Gohary. Le mouvement des troupes doit être combiné de manière à entrer à Nogent-le-Rotrou à midi, et à commencer l'attaque aussitôt, tous ensemble à la même heure.

La 17e division d'infanterie et la 6e division de cavalerie devront occuper les emplacements qui leur ont été indiqués. Les trains et bagages resteront en arrière.

S. A. R. se trouvera à onze heures à la jonction de la route de Nogent-le-Rotrou à la Loupe, et de Nogent-le-Rotrou à Courville, à un mille à l'ouest de Nogent.

Traduction conforme.

N° 2.

3e BATAILLON

Combat de Saint-Célerin (Sarthe)

11 janvier 1871.

Rapport de M. le chef de bataillon Le Tessier.

Pendant que les Prussiens passaient l'Huisne le 11 janvier à Connerré, une de leurs divisions exécutait le mouvement tournant prévu la veille par le général des Moutis, et se présentait vers midi devant Saint-Célerin.

Les colonnes descendaient en masses serrées par la route de Torcé, précédées d'une nuée de tirailleurs.

Les avant-postes du 3e bataillon accueillirent par une vive fusillade, l'ennemi qui croyait probablement le village à peu-près sans forces, puisque nous n'avions que quatre compagnies à lui opposer. Il y eut cependant un moment d'indécision, mais revenus de leur surprise, les Allemands attaquèrent Saint-Célerin, en poussant des hurras.

Le commandant Le Tessier savait qu'il fallait tenir le plus longtemps possible, afin de protéger la gauche de la brigade des Moutis ; il envoya immédiatement un officier pour prévenir son chef, à la Chapelle-Saint-Rémy.

La route de Bonnétable à Saint-Rémy était défendue par les 1re et 6e compagnies ; celle de Torcé à Lombron, par les 3e et 7e.

Pendant deux heures, ces quatre compagnies luttèrent avec l'énergie du désespoir et parvinrent à arrêter l'ennemi. Mais enfin les Prussiens pénétrèrent dans les jardins et se répandirent dans les rues.

Le commandant avait heureusement prévu ce mouvement, en mettant un poste de cinquante hommes au milieu du village; il s'y rendit aussitôt et assista quelques instants à un terrible combat, corps à corps, pendant lequel les Prussiens cherchaient à couper la retraite des 1re et 6e compagnies, qui défendaient la route de Saint-Rémy. Malgré les prodiges de valeur des mobiles, ce résultat eût été obtenu par l'ennemi, sans le dévouement du capitaine Chambay qui, avec quelques hommes de bonne volonté, se jeta dans une maison, s'y barricada et combattit en désespéré ; plusieurs furent tués, les autres, y compris le capitaine, faits prisonniers. Mais leur dévouement avait été de la plus grande utilité aux débris des quatre compagnies qui purent enfin se réunir en arrière de Saint-Célerin.

La retraite commença alors ; il était deux heures lorsque les cent-quatre-vingt-sept hommes qui nous restaient, prirent la route de Lombron, où le 1er bataillon de l'Orne venait nous remplacer, au moment où toutes nos cartouches étaient épuisées.

Le 3e bataillon de l'Orne avait subi de grandes pertes puisque, un capitaine et quinze mobiles étaient prisonniers et deux cent-vingt-quatre hommes tués ou blessés; mais la brigade des Moutis, avait eu, le temps d'exécuter son mouvement, elle put alors arrêter jusqu'au soir les Prussiens surpris de rencontrer une résistance sur laquelle ils ne comptaient pas.

Signé : Le Tessier.

Chef de bataillon.

49e régiment de mobiles de l'Orne.

OFFICIERS TUÉS OU BLESSÉS.

Tués.

1er bataillon. — M. Lefèvre, capitaine, la Fourche, 21 novembre 1870,

1er bataillon. — M. Mabille, sous-lieutenant, Lorges, 9 décembre 1870.

2e bataillon. — M. Gaugain, sous-lieutenant, Lorges, 9 décembre 1870 (mort des suites de ses blessures).

Blessés.

M. des Moutis, lieutenant-colonel, balle à l'épaule droite (contusion), cheval tué sous lui, Courcebœuf.

1er BATAILLON.

MM. de Montaigu, chef de bataillon, éclat d'obus à la jambe (contusion), la Fourche.

Vallée, capitaine, éclat d'obus à la jambe, id.

Chaplain, sous-lieutenant, balle à la jambe, id.

Métairie, sous-lieutenant, balle dans la cuisse, Lorges, 9 décembre.

2e BATAILLON.

MM. de Montzey, capitaine, balle à la jambe, Lorges, 9 décembre.

Marc, lieutenant, balle dans le côté, id.

MM. de Fontaine, lieutenant balle à la main (légèrement), id.
de Courcy, capitaine, blessure à la tête, Lorges, 10 décembre.
de La Molère, capitaine, balle dans le bras droit, Courcebœuf.
de Foulques, capitaine, balle à la jambe droite, id.

3e BATAILLON.

MM. Guiot, chef de bataillon, éclat d'obus à la cuisse, Lorges, 9 décembre.
Le Tessier, chef de bataillon, balle dans la cuisse, Courcebœuf.
Barré, sous-lieutenant, éclat d'obus à l'épaule, Illiers.
Chambay, capitaine, balle au bras, Saint-Célerin.
Chrétien, lieutenant, trois balles (jambe et cuisse droite), Courcebœuf.
Houssin de Saint-Laurent capitaine, balle au bras droit, Lorges, 9 décembre.

4e BATAILLON.

MM. Mauger, capitaine, balle à la jambe (contusion), Lorges, 8 décembre.
Dufour de la Thuillerie, sous-lieutenant, balle dans l'épaule, Bretoncelles.
de Vauvineux, sous-lieutenant, éclat d'obus à la cuisse, Lorges, 9 décembre; balle à la tête (deux contusions), Courcebœuf.

49e régiment de mobiles de l'Orne.

Décorations accordées pendant et après la campagne.

OFFICIERS DE LA LÉGION D'HONNEUR.

MM. des Moutis, lieutenant-colonel, 9 janvier 1871.
Guiot, chef de bataillon, 9 janvier 1871.
de la Ferronnays, chef de bataillon, 5 mai 1871.

CHEVALIERS.

1er BATAILLON.

MM. de Montaigu, chef de bataillon, 9 janvier 1871.
Libert (Marcel), chirurgien-major, 5 mai 1871.
Catois, capitaine, 5 mai 1871.
Vallée, capitaine, 16 novembre 1871.
Métairie, lieutenant, 16 novembre 1871.
Roulleaux-Dugage, capitaine, 5 mai 1871.

2e BATAILLON.

MM. Mazier, chef de bataillon, 9 janvier 1871.
de Montzey, capitaine, 8 juin 1871.
Marc, lieutenant, 5 mai 1871.
de Courcy, capitaine, 16 novembre 1871.
de La Molère, capitaine, 29 juin 1871.

MM. de Fontaine, lieutenant, 10 décembre 1871.
de Saint-Aignan, capitaine, 22 août 1871.
de Foulques, capitaine, 29 juin 1871.

3e BATAILLON.

MM. Le Tessier, chef de bataillon, 5 mai 1871.
Houssin de Saint-Laurent, capitaine, 28 février 1871.
Rocher, capitaine, 5 mai 1871.
de Boissieu, capitaine, 10 décembre 1871.

4e BATAILLON.

MM. Mauger, capitaine, 16 novembre 1871.
Dufour de la Thuillerie, sous-lieutenant, 16 nov. 1871.
de Boynes, capitaine, 9 janvier 1871.
de Vauvineux, sous-lieutenant, 5 mai 1871.
des Plas (Georges), capitaine, 1er février 1872.

Sous-Officiers et Soldats.

MÉDAILLES MILITAIRES.

MM. Thaphorel (Gustave), caporal, 10 décembre 1871.
Macle (Louis-Paul), caporal, 5 mai 1871.
Leroyer (Jules), garde mobile, 5 mai 1871.
Morel (Jules), sergent-fourrier, 10 octobre 1871.
Havard (Louis-Philippe), caporal, 10 octobre 1871.
Marchand (Bazile), caporal, 10 octobre 1871.
Le Male (Pierre), garde mobile, 10 octobre 1871.

MM. Vovard (Ulysse) sergent, 5 mai 1871.
Le Pelletier (Léon), sergent-fourrier, 5 mai 1871.
Léc (Pierre), sergent, 16 novembre 1871.
Landrin (Gustave), sergent, 10 octobre 1871.
Moreau (Ernest), sergent-major, 10 octobre 1871.
Baloche (Eugène), caporal, 16 novembre 1871.
Morin (Émile), garde mobile, 10 octobre 1871.
Chesnel (Henri), garde mobile, 10 octobre 1871).
Jannequin (Arsène), garde mobile, 16 novembre 1871.
Blanchet (Victor), garde mobile, 16 novembre 1871.
Vigneron, sergent, 9 janvier 1871.
Pitou, sergent, 5 mai 1871.
Leroyer (Jean), garde mobile, 9 janvier 1871.
Bouilly (Julien), garde mobile, 29 juin 1871.
Lanos (Léon), garde mobile, 29 juin 1871.
Lainé (François), garde mobile, 29 juin 1871.
Pichon (Frédéric), garde mobile, 29 juin 1871.
Amiot (Jean-Auguste), garde mobile 5 mai 1871.
Beaumont (Louis-Pierre), garde mobile 16 nov. 1871.

DEUXIÈME ARMÉE DE LA LOIRE

Général CHANZY

21ᵉ CORPS — 2ᵉ DIVISION

Général JAURÈS — **Général COLIN**

2ᵉ BRIGADE

Lieutenant-Colonel DES MOUTIS

49ᵉ RÉGIMENT DES MOBILES DE L'ORNE

LIEUTENANT-COLONEL

M. DES MOUTIS (Charles), O ❋. — 31 Octobre 1870.

COMMANDANTS

MM. DE MONTAIGU (Charles-Henri), ❋, (1ᵉʳ Bataillon), 16 Septembre 1870.

MAZIER (Henri), ❋, (2ᵉ Bataillon), 24 novembre 1870.

LE TESSIER (Auguste), ❋, (3ᵉ Bataillon), 20 novembre 1870.

FERON, comte DE LA FERRONNAYS (Alfred-Marie-Joseph), O ❋, (4ᵉ Bataillon), 31 décembre 1868.

1er BATAILLON.

MM. de Montaigu (Charles-Henry, ❋), chef de bataillon, 16 septembre 1870.

P. Cabirol, aumônier.

Libert (Marcel, ❋), chirurgien.

CAPITAINES.

MM.

1re Compie Vallée (Albert, ❋), 27 décembre 1870.
2e — Thomas (Charles), 9 juillet 1869.
3e — Davoust (Amédée), 9 juillet 1869.
4e — Roulleaux-Dugage (Georges, ❋), 7 septembre 1870.
5e — Catois (Bienaimé, ❋, méd.), 26 novembre 1870.
6e — Chaplain (Gastin), 27 décembre 1870.
6e — Chesnel (Alfred), 9 juillet 1869.
7e — Ballu (Henri), 9 juillet 1869.

LIEUTENANTS.

MM.

1re Compie Garnier (Frédéric), 27 décembre 1870.
2e — Clouet (Georges), 27 juillet 1870.
3e — Gasselin (Alfred), 27 juillet 1870.
3e — Mallet de Vandègre (Félix), 27 décembre 1870.
4e — Lemoine-Chambillon (Ludovic), 27 juillet 1870.
5e — Bois (Léonce), 27 décembre 1870.
6e — Geslain (Octave), 27 juillet 1870.
7e — Davoust (Camille), 27 décembre 1870.
7e — Métairie (Charles, ❋), 27 juillet 1870.

SOUS-LIEUTENANTS.

MM.

1re Compie Moire (Arthur), 27 décembre 1870.
2e — de Semallé (Robert), 27 juillet 1870.
3e — Beaudoire (Édouard), 27 décembre 1870.
4e — Pioger (Georges), 27 juillet 1870.
5e — Marchand (Maurice), 27 décembre 1870.
6e — Petithomme (Armand), 27 décembre 1870.
7e — Aubert (Georges), 27 décembre 1870.

2e BATAILLON.

MM. Mazier (Henry, ❋), 24 novembre 1870.
P. Le Meur, aumônier.
Lange (Emmanuel), chirurgien.

CAPITAINES.

MM.

1re Compie Bouillet, ❋, 45e de ligne.
1re — de La Molère (Paul, ❋), 27 décembre 1870.
2e — de Montzey (William, ❋), 9 juillet 1869.
3e — Chazal, ❋, 26e de ligne.
4e — Le Tessier (Auguste, ❋), 9 juillet 1869.
4e — Gérard (Abel), 20 janvier 1871.
5e — de Courcy (Edmond, ❋), 9 juillet 1869.
6e — de Saint-Aignan (Paul, ❋), 27 juillet 1870.
7e — de Foulques (Camille, ❋), 24 novembre 1870.

LIEUTENANTS.

MM.

1re Compie de Fontaine (René, ❋), 27 décembre 1870.
2e — Marc (Léon, ❋), 27 juillet 1870.
3e — Beaudoire (Gustave), 27 janvier 1871.
4e — Sanson (Arthur), 27 juillet 1870.
5e — Beaudry (Ernest), 6 septembre 1870.
6e — Bellencontre (Albert), 27 juillet 1870.
7e — Coqueret (Paul), 24 novembre 1870.

SOUS-LIEUTENANTS.

MM.

1re Compie Klimpt (Anatole), 27 juillet 1870.
2e — Guillemin (Jules), 27 juillet 1870.
3e — des Desdiguières (Alexandre), 27 janvier 1871.
4e — Gaugain (Georges), 27 juillet 1870.
5e — Vivier (Henry), 27 décembre 1870.
6e — Sonnet (Édouard), 27 juillet 1870.
7e — Rageot (Alexandre), 24 novembre 1870.

3e BATAILLON.

MM. Boudonnet, ❋, chef de bataillon, 9 juillet 1869.
Guiot, O ❋, chef de bataillon, 28 novembre 1870.
Le Tessier (Auguste, ❋), chef de bataillon, 20 novembre 1870.
P. Duguay, aumônier.
Simon (Charles), chirurgien, 9 septembre 1870.
Deval (Adrien), officier payeur, 27 juillet 1870.

CAPITAINES.

MM.

1re Compie Chambay (Félix), 24 novembre 1870.
1re — Velay (André), 20 janvier 1871.
2e — baron Houssin de Saint-Laurent, ✻, 9 juillet 1869.
2e — Prevost (Louis), 17 décembre 1870.
3e — Barbaroux (Joseph), 9 juillet 1869.
4e — Dayrens (Clément, ✻ méd.), 9 juillet 1869.
5e — Rocher (Clément, ✠, méd.), 9 juillet 1869.
6e — Lessart (Henri), 9 juillet 1869.
7e — de Boissieu (Georges, ✻), 20 août 1870.

LIEUTENANTS.

MM.

1re Compie Bernier (Léopold), 20 janvier 1871.
2e — N...
3e — Duchemin (Hippolyte), 27 juillet 1870.
3e — Leneveux (Édouard), 27 décembre 1870.
4e — Druet (Louis), 2 août 1870.
5e — Chrétien (Modeste), 24 novembre 1870.
6e — Quentin (Arthur), 27 décembre 1870.
6e — Cholet (Armand), 27 juillet 1870.
7e — Achard des Hautes-Noës (Robert), 2 août 1870.

SOUS-LIEUTENANTS.

MM.

1re Compie Vautier (Aimable), 20 janvier 1871.
2e — Hubert (Pierre), 2 août 1870.

3e — Halbout (Arsène), 27 décembre 1870.
4e — Barré (Elphège), 27 juillet 1870.
4e — Bichain (Sosthène), 27 décembre 1870.
5e — Bourdesseul (Henry), 20 janvier 1871.
6e — Pesnel (Pierre), 20 janvier 1871.
7e — Juhellé (Raymond), 25 août 1870.

4e BATAILLON.

MM. Comte de la Ferronnays, (Alfred), O. ❋, chef de bataillon, 31 décembre 1868.

P. Surblé, aumônier.

Le Galois (Arthur), chirurgien, 9 septembre 1870

CAPITAINES.

MM.

1re Compie Poch (André), méd.❋ , 2 août 1870.
2e — Le Prince des Radrais (Ulric), 9 juillet 1869.
3e -- Verrier (Emile), 14 octobre 1870.
5e — De la Lèverie (Henri), 9 juillet 1869.
6e — Comte de Boynes (Gatien), ❋, 9 juillet 1869.
7e — Mauger (Alexandre), ❋, 9 juillet 1869.
8e — Vicomte des Plas (Georges), ❋, 27 septembre 1870.

LIEUTENANTS.

MM.

1re Compie Delorme (Gaston), 27 juillet 1870.
2e — Bouvier (Gaston), 27 juillet 1870.
3e — Marc (Charles), 27 juillet 1870.
5e — Verbèque (Albert), 27 juillet 1870.

6e — De Blavette (Roger), 27 juillet 1870.
7e — Marc (Jules), 14 octobre 1870.
8e — Mirbeau (Octave), 27 septembre 1870.

SOUS-LIEUTENANTS.

MM.

1re Compie Vicomte d'Andlau (Arnold), 27 juillet 1870.
2e — Vicomte de Vauvineux (Christian), ✻, 27 juillet 1870.
3e — d'Auray (Alfred), 24 août 1870.
5e — Plessis (Louis), 26 novembre 1870.
6e — De Tourville (Lucien), 27 juillet 1870.
7e — De la Rivière (Paul), 27 septembre 1870.
8e — Davault (Pierre), 15 août 1870.

DEPOT DU CORPS

1er BATAILLON.

8e Compagnie.

MM. Collignon (Didier), capitaine, 27 juillet 1869.
Clavel (Philippe), lieutenant, 27 juillet 1870.
Pichereau (Adolphe), sous-lieutenant, 27 juillet 1870.

2e BATAILLON.

8e Compagnie.

MM. Desvaux (Emile), capitaine, 27 juillet 1869.
Leveau (Georges), lieutenant, 29 juillet 1870.
N...... sous-lieutenant.

3e BATAILLON.

8e Compagnie.

MM. Lambert (Charles), capitaine, 27 juillet 1869.
Rouiller (Emile), lieutenant, 2 août 1870.
Brionne (Charles), sous-lieutenant, 23 décembre 1870.

4e BATAILLON.

4e Compagnie.

MM. Ballière (Victor), capitaine, 23 décembre 1870.
Letemplier (Marie), lieutenant, 31 juillet 1870.
N..... sous-lieutenant.

MM. Proal, ❋, capitaine-major.
Guillemin, capitaine-trésorier.

GARDE MOBILE DE L'ORNE.

49e RÉGIMENT.

Liste des sous-officiers et soldats tués ou blessés pendant la campagne de 1870-1871. (1)

1er BATAILLON.

1re Compagnie.

MM. Mâcle (Louis-Pierre), caporal, blessé le 21 novembre à la Fourche.

Pézard (Lous-François), garde mobile, id.

Mégissier (Louis-Auguste), garde, blessé le 9 décembre à Lorges.

Mahot dit Dubourg, garde, id.

Henri (Alexis), garde id.

Barrière (Adrien), garde, blessé le 11 janvier à Lombron.

Duval (Charles-Auguste), garde, id.

Bouvet (Victor), caporal, id.

Chaperon (Jules), garde, id.

(1) Cette liste est incomplète, par la faute de plusieurs chefs de compagnie qui, malgré les ordres donnés, n'ont envoyé au capitaine major que des renseignements inexacts.

Note de l'auteur.

MM. Chaillou (Louis), garde, tué le 11 janvier, à Lombron.

Duval (Honoré), garde, blessé le 11 janvier 1871, à Lombron.

Boul (Maximilien), garde, id.

Rondeau (Alfred), garde, id.

Ribeau (Victor), garde, id.

Paris (Hippolyte), garde, id.

Prévoteau (Eugène), garde, id.

Noyer (Louis-René), garde, blessé le 11 janvier 1871, à Lombron.

Lainé (Anatole), garde, id.

Marchand, garde, id.

Monchomel (Alphonse), garde, id.

Poins (Hippolyte), garde, id.

Raimbault, garde, id.

Duval (Anatole), garde, id.

Houbert, garde, id.

Noyer (Eugène), garde, id.

Launay, garde, id.

Biennesson, garde, id.

Richer (François), garde, id.

Champion (Jules), garde, id.

Le Prieur, garde, id.

2e Compagnie.

MM. Ravet (Eugène), garde tué, le 21 novembre 1870, à la Fourche.

Houssemaine (Jules), garde, blessé, id.

MM. Thaphorel (Gustave), garde, id.

Hignard (Charles), garde, id.

Poupard (François), garde, id.

Hammont (Victor), garde, blessé le 9 décembre 1870, à Lorges.

Poupart (Julien), garde, id.

Chauvin (François), garde, blessé le 10 décembre 1870, à Lorges.

Deslille (Isidore), garde, id.

Perronne (Michel), garde, blessé le 11 janvier 1871, à Lombron.

Mallet (Paul), garde, id.

Fouet (Modeste), garde, mort, id.

Tranchant (Léon), garde, blessé le 12 janvier 1871, à Courceboeuf.

Boul (Jean-Auguste), garde, id.

Chaplain (Gaston), garde, id.

3 Compagnie,

MM. Delaunay (Léon), garde blessé le 21 novembre 1870, à la Fourche.

Chauvin (Emile), garde, mort, id.

Robbe (Ferdinand), garde, blessé, id.

Radigue (Hippolyte, garde, id.

Adam (Victor), garde, id.

Auguste, caporal, id.

Papillon (Emile), garde, blessé le 9 décembre 1870, à Lorges.

MM. Dupont (François), garde, id.

Mahérault (François), garde, id.

Corneillet (François), garde, id.

Bouilly (Julien), garde, id.

David (Jean), garde, id.

Blanchet (Victor), garde, id.

Delaunay (Isidore), garde, id.

Gandon (François), garde, id.

Gérard (Joseph), garde, id.

Seurin (Amédée), garde, mort, id.

Houbert (Sosthène), garde, blessé, id.

Launay (François), garde, id.

Lecointre (Auguste), garde, id.

Marchand (Victor), garde, blessé le 11 janvier 1871, à Lombron.

Lamarre (Victor), garde, tué, le 11 janvier 1871, à Lombron.

David (Alphonse), garde, blessé le 11 janvier 1871, à Lombron.

Marette (Cyrille), garde, id.

Papillon (Elie), garde, id.

4e Compagnie.

MM. Baron (Octave), garde blessé le 21 novembre 1870, à la Fourche.

Thiboust (Auguste), garde, tué le 8 décembre 1870, à Lorges.

Channu, garde, tué le 8 décembre 1870, à Lorges.

MM. Desmorre (Nicolas), garde, blessé le 8 décembre 1870, à Lorges, et mort.

Beaudoire (François), garde, mort id.

Lenoir (Isidor), garde, blessé, id.

Ripaux (Adolphe), garde, id.

Tessieau (Honoré), garde, id.

Noël (Philibert), garde, id.

Lainé (Emile), garde, id.

Langlinet, garde, id.

Goulard (Louis), garde, id

Champion (Jules), garde, id.

Pichereau (Alexis), garde, tué le 9 décembre 1870, à Lorges.

Lefebvre, garde, id.

Charpentier (Constant), garde, blessé le 9 décembre 1870, à Lorges.

Morel (Jules), garde, id.

Marciguay (Frédéric), garde, blessé le 11 janvier 1871, à Lombron.

Barbet, garde, mort, id.

Druet (Pierre), garde, id.

Daupley (Ludovic), garde, id.

Charpentier (Modeste), garde, id.

Chevallier (Victor), garde, blessé, id.

Perdrice, garde, id.

Lefrançois (Désiré), garde, id.

Gérus (Léonard), garde, id.

5e Compagnie.

MM. Anne (Victor), garde mobile, tué, le 21 novembre 1870, à la Fourche.

Mary (Jean), garde, blessé, le 21 novembre 1870, à la Fourche.

Launay (Pierre), garde, id.

Jean (Antonin), garde, id.

Mary (Jean-Baptiste), garde, id.

Sonnet, garde, blessé le 8 décembre 1870, à Lorges.

Roger (Auguste), garde, blessé le 9 décembre 1870, à Lorges.

Manson (Louis), garde, id.

Chanu, garde, tué, le 9 décembre 1870, à Lorges.

Pivard (Isidore), garde, blessé, le 9 décembre 1870, à Lorges.

Launay (Pierre), garde, id.

Pavie, garde, id.

Manson (Eugène), garde, id.

Royer (Auguste), garde, id.

Sonnet (Auguste), garde, tué le 9 décembre 1870, à Lorges.

Ballavoine (Pierre), garde, blessé le 9 décembre 1870, à Lorges.

Leroger (Jules), garde, blessé le 11 janvier 1871, à Lombron.

Fretté (Léon), garde, id.

Ballavoine (Jules), garde, id.

MM. Besnier (Constant), garde, id.
Tribouillard (Désiré), garde, id.
Lemesle (Eléonore), garde, id.
Durand (Pierre), garde, id.
Jannequin, garde, id.
Lebrun, garde, id.
Davoust (Auguste), garde, id.
Bazile (Auguste), garde, id.
Toutain, garde, mort, id.
Gouin, garde, id.
Fleury, garde, id.
Bonnevent, garde, id.
Olivier, garde, id.
Desvaux, garde, id.
Garnier, garde, id.
Morel, garde, id.
Lecomte, garde, id.
Davoust (Auguste-François), garde, tué le 11 janvier 1871, à Lombron.
Chanu (Jean), garde, id.
Bazilic (Julien), garde, blessé le 11 janvier 1871, à Lombron.
Lebrun (Félix), garde, id.
Jean (Antonin), garde, id.
Besnier (Constant), garde, id.
Tribouillard (Adolphe), garde, id.
Durand (Pierre), garde, id.

6e Compagnie.

MM. Deschamps, tué le 21 novembre 1870, à la Fourche.
Bourdin (Auguste), id.
Chéron (Félix), tué le 8 décembre 1870, à Lorges.
Suart (Prosper), tué le 9 décembre 1870, à Lorges.
Rungette (Jean), blessé le 9 décembre 1870, à Lorges.
Guérin (Jean-Baptiste), mort, id.
Plessis (Albert), blessé, id.
Harrot (Auguste), id.
Lebarbet (François), id.
Anguay (Etienne), id.
Bonjour (Aimé), id.
Giroux (Adolphe), id.
Bunot (Pierre), id.
Havard (Louis), garde, id.
Gauchet (Léon), garde, id.
Amiot (Jules-Jean), garde, id.
Camus (Gustave), caporal, id.
Bellanger (Joseph), garde, id.
Foucher (Mathieu), garde, id.
Gautry (Arsène), garde, id.
Blivet (Victor), garde, id.
Chevillon (Alexandre), garde, id.
Briard (Alexis), garde, id.
Aubine (Victor), garde, id.
Carré (Clément), garde, blessé le 12 janvier 1871 Courcebœuf (mort).

MM. Helier (Félix), garde, blessé le 12 janvier 1871 à Courcebœuf.
Plessis (Louis), garde, id.
Harot (Jean), garde, id.

7e Compagnie.

MM. Leroy (Victor), garde tué le 9 décembre 1870, à Lorges.
Besneux (Jean-Baptiste), garde, id.
Blanchetière (Alphonse), garde, id.
Bignon (Jean), sergent, blessé le 9 décembre 1870 à Lorges.
Landrin (Gustave), sergent, id.
Lagrue (Eugène), garde, id.
Got (Isidore), garde, id.
Olivier (Alexandre), garde, id.
Godefroy (Eugène), garde, id.
Gauchard (Jules), garde, id.
Maheux (Pierre), garde, id.
Vaux, dit Baloche (Césaire), garde, id.
Lemesnil (Théophile), garde, id.
Petit (Isidore), garde, id.
Lair (Jean-Baptiste), garde, id.

2e BATAILLON.

1re Compagnie.

MM. Villette (Léon), sergent, blessé le 11 décembre 1870, à Lorges.
Marais (Alphonse), garde, id.

MM. Lechallier (Alphonse), garde, id.
Besnard (Théophile), garde, id.
Lechallier (Isidore), garde, id.
Torcapel (Théophile), garde, id.
Leclerc (Louis), garde, id.
Olivier (Alphonse), garde, id.
Launay (Marie), caporal, blessé le 11 janvier 1871, à la Chapelle-Saint-Rémy.
Guillaume (Eugène), garde, id.
Coisel (Cyrille), garde, blessé le 12 janvier 1871, à Courcebœuf.
Lulallier (Aimé), garde, id.
Godel (Aldonce), garde, id.

2e Compagnie.

MM. Amiot (Anatole), garde, tué, le 9 décembre 1870, à Lorges.
Goulard (Jean), garde, blessé, id.
Hardy (Frédéric), garde (mort), id.
Gaignard (Victor), garde, id.
Guillais (Valentin), garde, id.
Blanchard (François), garde, blessé, id.
Bernier (François), garde, id.
Ferouelle (Césaire), garde, id.
Lecœur (Victor), garde, id.
Gauthier (Louis), garde (mort), id.
Mousset (Pierre), garde, id.
Morel (Eugène), blessé, id.

MM. Gondouin (Jacques), garde, id.
Prévost (Zéphir), garde (mort), id.
Groult (Isidore), garde, blessé, id.
Lerecq (Benjamin), garde, id.
Gibault (Louis), sergent, id.
Gônay (Léon), garde, blessé le 10 décembre 1870, à Lorges.
Couilleaux (François), garde, blessé le 12 janvier 1871, à Courcebœuf.
Etiembe (François), garde, id.
Guillais (Pierre), garde, id.
Gondouin (Achille), garde, id.
Goulard (Sosthène), garde, id.

3e *Compagnie.*

MM. Robin (Louis), caporal, blessé le 9 décembre 1870, à Lorges.
Roussel (François), garde, id.
Bunodière (Jules), garde, id.
Gérus (Philibert), garde, id.
Desvaux (Louis), garde, id.
Jardin (Adonis), garde, id.
Pichon (Frédéric), garde, id.
Lhommet (Norbert), garde, id.
Thirard (Henri), garde, id.
Lelièvre (Joseph), garde, id.
Leneveu (Louis), garde, id.
Fleury (Désiré), garde, id.

MM. Leclerc (Jean), garde, id.
Lesieur (Théophile), garde, id.
Gendrel (Joseph), garde (mort), id.
Chauvin (Edmond), garde, id.
Leguay (Étienne), garde, id.
Loison (Narcisse), garde, id.
Desmezières, garde, id.
Lenormand (Théodore), garde, id.
Angot (Émile), garde, id.
Desmont (Jules), garde, id.
Gibory (Isidore), garde, id.
Robin (Jean), garde, blessé le 9 déc. 1870, à Lorges.
Aubin (Émile), garde (mort), id.
Desmoland (Adolphe), garde, id.
Coulon (Félix), garde, id.
Georges (Constant), garde, id.
Gateclou (Louis), garde, id.
Angot (Vital), garde, id.
Trassard (Constant), garde, id.
Alleaume (Jules), garde, id.

4e *Compagnie.*

MM. Morin (Charles), garde, blessé, le 9 octobre 1870, à Cherizy.
Letacq (Clodomir), garde, blessé, le 8 décembre 1870, à Lorges (mort).
Dumoulin (François), caporal, blessé, le 8 décembre 1870, à Lorges.

MM. Lepine (Paul), clairon, id.
Belliot (Louis), garde, id.
Bourgeois (Joseph), garde, blessé, le 9 décembre 1870, à Lorges.
Cauvigny (Constant), garde, tué, le 9 décembre 1870, à Lorges.
Lemoine (Charles), garde, blessé, le 9 décembre 1870, à Lorges.
Julien (Pierre), garde, id.
Chauvin (Théodore), garde, id.
Devreux (Louis), garde, id.
Bordeaux (Aline), garde, tué le 9 décembre 1870, à Lorges.
Quesnol (Émile), garde, blessé le 9 décembre 1870, à Lorges.
Decour (Octave), sergent-major, tué le 9 décembre 1870, à Lorges.
Flayel (Jules), garde, blessé, le 9 décembre 1870, à Lorges.
Richer (Élisée), garde, id.
Gorge (Jules), garde, id.
Fleury (Constant), garde, id.
Robergelle (Valentin), garde, id.
Trigoult (Félix), sergent, id.
Haleron (François), garde, id.
Lagrue (Émile), garde, id.
Palfroy (Joseph), garde, id.
Godel (Aldonce), garde, id.

MM. Marais (Léon), garde, id.
Desfrères (François), garde, id.
Lée (Pierre), sergent, id.
Havard (Alphonse), garde, blessé, le 11 janvier 1870, à la Chapelle-Saint-Rémy.
Lamperrière (Narcisse), sergent, blessé, le 12 janv. 1871, à Courcebœuf.

5e *Compagnie.*

MM. Vincent (Bazile), garde mobile, blessé, le 9 déc. 1870, à Lorges.
Mary (Victor), garde, id.
Bassière (Aristide), garde, id.
Poulet (Léonore), garde, id.
Rozel (Pierre), garde, id.
Leclerc (Clément), garde, id.
Rivière (Charles), garde, id.
Bernier (René), garde, id.
Lemeray (Adolphe), garde, id.
Ferouelle (Louis), garde, id.
Lemoine (Placide), garde, id.
Bourgeois (Edmond), garde, id.
Butan (Gustave), garde, id.
Bocage (Louis), garde, id.
Napoléon (Louis), garde, id.
Blavette (Alphonse), garde, id.
Lemaître (Émile), garde, blessé, le 10 décembre 1870, à Lorges.

MM. Goulard (Michel), garde, id.
Motte (Gustave), garde, id.
Blanchard (Émile), garde, id.
Guesdon, (Édouard), garde, blessé, le 12 janvier 1871, à Courcebœuf.
Riot (Auguste), garde, id.

6e Compagnie.

MM. Gillot (Gustave), garde mobile, blessé, le 21 nov. 1870, à Thiron-Gardais.
Chéron (Paul), garde, id.
Chevallier (Edmond), garde, id.
Bodin (Alfred), garde, blessé, le 9 décembre 1870, à Lorges.
Paris (Victor), garde (mort), id.
Lanos (Alexandre), garde, blessé, le 9 décembre 1870, à Lorges.
Léger (Auguste), garde, blessé, le 11 janvier 1871, à la Chapelle-Saint-Rémy.
Delaunay (Émile), garde, id.
Ragot (Marcel), garde, id.

7e Compagnie.

MM. Regnier (Constant), garde, tué le 21 novembre 1870, à Thiron-Gardais.
Rousseau (Fréderic), garde, id.
Lebas (Emile), garde, blessé le 8 décembre 1870, à Lorges.

MM. Dubois (Louis), garde, blessé le 12 janvier 1871, à Courcebœuf, mort.

Lecomte (Pierre), garde, blessé le 10 janvier 1871, à la Chapelle-Saint-Rémy.

Primet (Alexandre), garde, blessé le 12 janvier 1871, à Courcebœuf.

Pomard (Auguste), garde, blessé le 21 novembre 1870, à Thiron-Gardais.

Friquet (Léonore), garde, blessé le 12 janvier 1871, à Courcebœuf.

Dabiel (Emile), garde, id.

Drouet (Alexis), garde, blessé le 8 décembre 1870, à Lorges.

3e BATAILLON.

1re Compagnie.

MM. Vardon (Arsène), garde, blessé le 8 décembre 1870, à Lorges.

Vaubaillon (Théodore), garde, id.

Langle (Achille), garde, id.

Onfray (Lucien), garde, tué le 8 décembre 1870, à Lorges.

Lebailly (Jules), garde, id.

Guérin (Auguste), garde, blessé le 8 décembre 1870, à Lorges.

Noël (Eugène), garde, id.

Prosper (Petit), garde, id.

MM. Lebreton (Léopold), garde, id.
Madeline (François), garde, id.
Chanu (Alcide), garde, id.
Chatellier (Abel), garde, mort, id.
Lainé (François), garde, blessé, id.
Rabache (Sosthène), garde, id.
Aupée (Pierre), garde, id.
Aumont (Cyrille), garde, id.
Jaquelin (Ludovic), garde, mort, id.
Bouvrey (François), garde, id.
Delivet (Alfred), garde, blessé, id.
Danjou (Arsène), garde, id.
More (Felix), garde, id.
Guérin (Auguste), garde, tué le 9 décembre 1870, à Lorges.
Cousin (Alcide), garde, blessé le 9 décembre 1870, à Lorges.
Bernier (Tranquille), garde, id.
Delozier (Pierre-Albert), garde, id.
Fresnay (Pierre), garde, tué le 9 décembre 1870, à Lorges.
Baptiste (Constant), garde, mort, id.
Chédot, (Jules), garde, tué le 9 décembre 1870, à Lorges.
Pley (Jean), garde, blessé, id.
Lebon (Louis), garde, id.
Madeline (Victor), garde, tué le 11 janvier 1871, à Saint-Célerin.

MM. Groussard (Pierre), garde, blessé le 11 janvier 1871, à la Chapelle-Saint-Rémy, mort.
Sauvage (Constant), garde, id. à Saint-Célerin, mort.
Fourmy (Jules), garde, blessé, id.
Morin (Emile), garde, id.
Graimbert (Alcide), garde, id.
Duval (Félix), garde, id.
Renard (Jules), garde, id.
Martin (Alfred), garde, id.
Halbout (Charles), garde, id.
Rabache (Bazile), garde, id.
Lecler (Louis), garde, mort, id.
Victor (Arsène), garde, blessé, id.
Bunel (Narcisse), garde, id.
Huet (Félix), garde, id.
Janvier (Léon), garde, blessé le 12 janvier 1871, à Courcebœuf.
Letessier, garde, id.
Seguin (Ferdinand), garde, id.
Morin (Arsène), garde, id.
Foucher (Victor), garde, id.
Tranchant (Victor), garde, id.
Bourrée (François), garde, id.

2e Compagnie.

MM. Galopin (Paul), garde, blessé le 9 décembre 1870, à Lorges.
Anjou, garde, id.

MM. Hamard (Pierre), garde, id.
Bivet (Victor), garde, id.
Morieux (Isidore), garde, id.
Loizeau (Albert), garde, id.
Henry (Coquil), garde, id.
Barbier (Auguste), garde, id.
Thomas (François), garde, id.
Villette (Isidore), garde, id.
Deslandes (Pierre), garde, id.
Moreau (Ernest), sergent-major, id.
Vaugeois (Henri), garde, blessé le 11 janvier 1871, à Saint-Célerin.
Volclair (Pierre), garde, id.
Rossignol (Alexis), garde, id.
Grégoire (Pierre), garde, id.

3e Compagnie.

MM. Havas (Antoine), garde blessé le 21 novembre 1870, à Thiron-Gardais.
Poulain (Amand), garde, blessé le 8 décembre 1870, à Lorges.
Huc (Vital), garde, id.
Brichard (Félix), garde, id.
Duguay (Victor), garde, id.
Aubry (Ferdinand), garde, id.
Lavollée (Adolphe), garde, id.
Gosselin (Alexis), garde, id.

MM. Lecorps (Victor), garde, id.
Mancellier (Charles), garde; id.
Lecomte (François), garde, id.
Julienne (Victor), garde, id.
Groussard (Victor), garde, id.
Blais (Auguste), garde, id.
Avice (Henri), garde, id.
Duguey (Jean-Baptiste), garde, id.
Bertrand (Jean), garde, id.
Durand (Isidore), garde, id.
Blais (Victor), garde, blessé le 11 janvier 1871, à Saint-Célerin.
Robbe (Victor), garde, id.
Bertrand (Pierre), garde, id.
Paris (Félix), garde, id.
Roulleaux (Armand), garde, id.
Maupas (Pierre), garde, mort, id.
Paris (Hippolyte), garde, blessé id.
Thomasse (Gérome), garde, mort id.
Martin (Louis), garde, id.
Gauquelin (Etienne), garde, blessé, id.
Louis (Eugène), garde, mort id.
Onfroy (Léon), garde, blessé, id.
Huc (Désiré), garde, id.
Langlois (Armand), caporal, id.
Cérisier (Arsène), garde, id.
Blottière (Jean), garde, id.
Havard (Edmond), garde, id.

MM. Renoult (Adrien), garde, id.
Dumuguet (Henri), garde, id.
Gournay (Ernest), garde, blessé le 12 janvier 1871, à Courcebœuf.
Duguay (Emmanuel), garde, id.
Brichard (Félix), garde, id.
Boutrou (Constant), garde, id.
Prodhomme (Hippolyte), garde, id.
Dupont (Charles), garde, id.
Hergault (Théodore), caporal, id.
Chesnel, clairon, mort, id.
Betrand (Michel), garde, blessé id.
Gaulois (Alexis), garde, id.
Dugué (Victor), garde, id.

4e Compagnie

MM. Balleux (Théophile), garde, blessé le 10 Octobre 1870, à Cherisy.
Millard (Théophile), garde, id.
Bailly (Alexis), garde, blessé le 18 novembre 1870, à Illiers.
Fourrel (Louis), garde, tué, id.
Bisson (François), garde, blessé, id.
Morand (Michel), garde, id.
Chenel (Henri), garde, id.
Leblanc (Baptiste), garde. blessé le 12 janvier 1871, à Courcebœuf.

MM. Leroux (Arsène), garde, id.
Boisgontier (Henri), garde, id.
Louvel (Clément), garde, id.

5e Compagnie.

MM. Dupont (Pierre), garde, blessé le 8 décembre 1870, à Lorges.
Loret (Léon), garde, id.
Manoury (Auguste), garde, id.
Duval (Alexandre), garde, id.
Morin (Bazile), garde, id.
Lemoine (Léon), garde, id.
Lhomer (Jean), garde, id.
Toutain (Léon), garde, blessé le 9 décembre 1870, à Lorges.
Deguernel (Dominique), garde, id.
Bidault (Isidore), garde, id.
Loret (Arsène), garde, id.
Bellanger (François), garde, id.
Hubert (Eugène), garde, id.
Dufresne (Louis), garde, id.
Hamard (Prosper), garde, id.
Gillette (Auguste), garde, id.
Lainé (Auguste), garde, blessé le 11 janvier 1871, à Saint-Célerin.
Julien (François), garde, id.
Pesnel (Dominique), garde, id.

MM. Graindorge (Auguste), garde, id.
Bouquerel (Jean-Baptiste), garde, blessé le 12 janvier 1871, à Courcebœuf.
Chrétien (Pierre), garde, id.

6e Compagnie.

MM. Buquet (Désiré), garde, tué le 21 novembre 1870, à Thiron-Gardais.
Pellouin (Louis), garde, blessé, id.
Gaillard (Auguste), garde; id.
Lebigot (Jean), garde, mort, id.
Guillard (Auguste), garde, blessé, id.
Lamy (Théodore), garde, blessé le 8 décembre 1870, à Lorges.
Gérault (Victor), garde, mort, id.
Fournerie (Pierre), garde, blessé le 9 décembre 1870, à Lorges.
Quentin (Isaïe), garde, id.
Fouvré (Alexis), garde, id.
Mélot (Pierre), garde, id.
Monnier (Eugène), garde, id.
Olivier (Jean-Baptiste), garde, id.
Bardiou (François), garde, id.
Balloche (Eugène), caporal, id.
Bernou (Théophile), garde, id.
Ledemé (Eugène), garde, id.
Duhayes (François), garde, id.

MM. Sonnet (Victor), garde, id.
Guesdon (Julien), garde, id.
Thezé (Arsène), garde, id.
Soulard (Léon), garde, id.
Chevalier (Auguste), garde, id.
Delange (Victor), garde, id.
Thomas (Louis), garde, id.
Yvon (Pierre), garde, mort, id.
Boudonnet (Edouard), garde, tué le 11 janvier 1871, à Saint-Célerin.
Brodin (Théophile), garde, id.
Coupel (Félix), garde, id.
Boudonnet (Victor), garde, blessé le 11 janvier 1871, à Saint-Célerin, mort.
Levesque (Lucien), garde, mort, id.
Pottier (Auguste), garde, tué, id.
Havard (Auguste), garde, id.
Bizeul (Victor), garde, blessé le 11 janvier 1871, à Saint-Célerin.
Vaidis (Victor-Jacques), garde, id.
Boudonnet (Félix), garde, id.
Joubin (Henry), garde, id.
Pouchard (François), garde, id.
Ledemé (Victor), garde, id.
Fleury (Auguste), garde, mort, id.
Haurée (Alexis), garde, id.
Forget (Pierre), garde. id.
Havard (Victor), garde, id.

MM. Launay (Jean), garde, id.
Quentin (Armand), garde, id.
Bagot (Victor), garde, id.
Barret (Auguste), garde, id.
Lebigot (Jean), garde, id.
Maillard (Louis), garde, id.
Derouet (Victor), garde, blessé le 11 janvier 1871, à Saint-Célerin, mort.
Fiault (Julien), garde, id.
Fleury (Michel), garde, id.
Lebigot (Pierre), garde, blessé le 11 janvier 1871, à Saint-Célerin.
Harel (Victor), garde, id.
Gaumer (Pierre), garde, id.
Monnier, (Eugène), garde, id.
Fourré (Alexis), garde, id.
Couillard (Joseph), garde, blessé le 12 janvier 1871, à Courcebœuf.
Chemin (Daniel), garde, id.
Lucien (Levesque), garde, id.
Guesdon (Isidore), garde, id.
Bizeul (Eugène), garde, id.

7e Compagnie.

MM. Rouiller (Vital), garde, blessé le 10 octobre 1870, à Cherisy.
Bouvet (Victor), garde, tué le 8 décembre 1870, à Lorges.

MM. Droullon (Adrien), garde, blessé, id.

Grosse (François), garde, blessé le 9 décembre 1870, à Lorges.

Fleury (Jean-Baptiste), garde, blessé le 11 janvier 1871, à Saint-Célerin.

Julienne (Louis), garde, tué le 11 janvier 1871, à Saint-Célerin.

Désert (Jules), caporal, blessé le 11 janvier 1871, à Saint-Célerin.

Morin (Jean), garde, tué le 11 janvier 1871, à Saint-Célerin.

Lepont (Marie), garde, blessé le 11 janvier 1871, à Saint-Célerin.

4e BATAILLON.

1re Compagnie.

MM. Janvier (Louis), garde, blessé le 12 janvier 1871, à Courcebœuf.

Cornu (Victorien), garde, id.

Tessier (Théodore), garde, id.

Veillon (Emile), garde, id.

Beaumont (Louis), garde, id.

2e Compagnie.

MM. Liberge (Lucien), garde, blessé le 12 janvier 1871, à Courcebœuf.

Vallée (Prosper), garde, id.

Courboulin (Théodore), garde, id.

3e *Compagnie.*

MM. Durand (Louis), garde, blessé le 21 novembre 1870, à Bretoncelles.

Courpotin (Prosper), garde, id.

Giot (Louis), garde, blessé le 8 décembre 1870, à Lorges.

Bonnard (Auguste), garde, tué le 12 janvier 1871, à Courcebœuf.

Verdier (Julien), garde, blessé, id.

Durand (Louis), garde, id.

4e *Compagnie.*

MM. Buret (Maxime), garde, blessé le 9 décembre 1870, à Lorges.

Petit-Gars (Auguste), garde, id.

Goupil (Alexis), garde, blessé le 17 novembre 1870, à Landelles.

Bourrier (Modeste), garde, blessé le 9 décembre 1870, à Lorges.

Olivier (Alexandre), garde, id.

5e *Compagnie.*

MM. Mary, garde, blessé le 17 novembre 1870, au Favrie, mort.

Graffin, garde, blessé le 21 novembre 1870, à Bretoncelles (mort).

MM. Gouhier (Théophile), garde, id.

Piche, garde, id.

Legendre, garde, id.

Garreau (Jules), garde, blessé le 8 décembre 1870, à Lorges.

Riboust (Alphonse), garde, id.

Chaudron, garde, id.

Louveau, garde, blessé le 12 janvier 1871, à Courcebœuf.

Haye (Alphonse), garde, id.

6e *Compagnie.*

MM. Lecour (Louis), garde, blessé le 21 novembre 1870, à Bretoncelles.

Gentil (Louis), garde, id.

Mennier (Désiré), garde, blessé le 9 décembre 1870, à Lorges.

Fleury (Pierre), garde, id.

7e *Compagnie.*

MM. Perrochel (Marie), garde, blessé le 21 novembre 1870, à Bretoncelles.

Radiguet (Elphège), garde, id.

Coulin (Jules), garde, id.

Fettu (Albert), garde, id.

MM. Colas (Aristide), garde, id.

Chardon (Jean), garde, blessé le 9 décembre 1870, à Lorges.

Clotet (Louis), garde, id..

Rivière (Paul), garde, id.

FIN

NOTE

Les réclamations ou rectifications auxquelles ce livre pourra donner lieu, devront être adressées au Lieutenant-Colonel, afin qu'il puisse en tenir compte dans une 2e édition.

C. DES M.

TABLE

LIVRE II.

Alençon. — E. De Broise,. — Juin 1872

www.ingramcontent.com/pod-product-compliance
Ingram Content Group UK Ltd.
Pitfield, Milton Keynes, MK11 3LW, UK
UKHW020209250726
13967UKWH00003B/1357